刘楚楚 ◎ 著

一个人如果能够运用信念的力量
那他就掌握了最可怕的武器

优秀员工的
工作信念

EXCELLENT EMPLOYEE'S
WORK FAITH

信念的力量释放无限能量
激发信念的潜能创造成功无限！

中国言实出版社

图书在版编目(CIP)数据

优秀员工的工作信念/刘楚楚著.
—北京:中国言实出版社,2011.10
ISBN 978-7-80250-597-1

Ⅰ.①优…

Ⅱ.①刘…

Ⅲ.①企业—职工—修养

Ⅳ.①F272.92

中国版本图书馆 CIP 数据核字(2011)第 175329 号

出版发行	中国言实出版社	
	地　　址:北京市朝阳区北苑路 180 号加利大厦 5 号楼 105 室	
	邮　　编:100101	
	电　　话:64924716(发行部)　64924735(邮　购)	
	64924880(总编室)　64914138(四编部)	
	网　　址:www.zgyscbs.cn	
	E-mail:zgyscbs@263.net	
经　销	新华书店	
印　刷	北京毅峰迅捷印刷有限公司	
版　次	2011 年 10 月第 1 版　2011 年 10 月第 1 次印刷	
规　格	710 毫米×1000 毫米　1/16　14 印张	
字　数	175 千字	
定　价	32.00 元　ISBN 978-7-80250-597-1/F·371	

前言

信念是什么？

信念是光芒万丈的太阳，照耀着人生的方向；信念是熊熊燃烧的火焰，点燃了人生的梦想！信念是项羽"破釜沉舟"的勇气，终赢得"百二雄关终属楚"的胜利；信念是勾践"卧薪尝胆"的坚守，才奏响"三千越甲可吞吴"的凯歌；信念是岳飞"壮志饥餐胡虏肉，笑谈渴饮匈奴血"的壮志，信念是谭嗣同"我自横刀向天笑，去留肝胆两昆仑"的慷慨；信念是司马迁忍辱负重"通古今之变"的毅力，信念是文天祥从容赴死"留取丹心照汗青"的忠贞……信念是执着，是坚守，是勇气，是毅力，是蕴藏在心中的一团永不熄灭的火焰，是紧握在手中的永不放下的武器，是凝聚在心中永不消散的精神。

多少梦想因信念而开花，多少奇迹因信念而诞生！茧蛹里的毛毛虫有了"飞上天空"的信念，才有了破茧为蝶的美丽；石缝里的小松树有了"顶天立地"的信念，才有了苍翠挺拔的伟岸；严冬里的腊梅有了"不畏霜雪"的信念，才有了艳丽芳香的开放；淤泥里的莲藕有了"同流不污"的信念，才有了亭亭玉立的清绝……信念是梦想，是奇迹，是追求，是奋斗，是坚信不疑为之坚守、为之奋斗、为之不顾一切、倾尽所有也心甘情愿在所不惜的一种念头，一种失败了也不放弃奋斗、困境中也不忘却追求的精神，一种改变自己、超越自己的信心，一种勇往直前、绝不退缩的力量！

因为相信，所以追求；因为追求，所以奋斗；因为奋斗，所以执著；因为执著，所以坚守；因为坚守，所以成功，所以抵达梦想的高峰，摘下生命中最丰硕无比、甘美甜蜜的果实！这就是信念的力量，这就是成功的真谛！这就是无数成功者用他们的成功、无数优秀者用他们的优秀，无数次向我们证明过的真理,关于信念的真理!

多少成功以信念为基石,多少优秀因信念而铸就! 时传祥、李素丽、许振超、袁杏云、文花枝、白国周……清洁工、绿化工、售票员、工程师、导游、司机、老师、警察、医生、护士、士兵,以及许许多多虽身处平凡的工作岗位却做出了不平凡业绩的优秀员工,无一不是因为他们有坚定的信念,无一不是因为信念的指引!

本书总结了众多优秀员工的工作经验,提炼出他们所共同坚守的工作信念,这些信念包括:不相信命运只相信自己,不相信投机只相信努力;抱定忠诚敬业、认真负责的职业理念;坚守主动积极、踏实努力的工作作风;坚持甘心奉献,乐于合作的工作态度;信奉敢想敢做、开拓创新的职业精神;恪守从不低头、永不放弃的人生信条! 信念的力量无比强大,信念的力量难以估量,但信念不仅仅是精神的力量,不仅仅是思想的力量,更是行动的力量。优秀员工坚守这样的信念,并一直为这样的信念而努力、而奋斗、而倾尽所有,最终做出了不平凡的业绩,成为了优秀的员工。

你相信什么,就会拥有什么;你追求什么,就会得到什么;你有什么样的信念,就能取得什么样的成功。如果你拥有和优秀员工一样的工作信念,那么,你也会变得优秀,也会和他们一样,一路跋涉,一路收获,一路奋进,一路凯歌,从普通到优秀到卓越,一直走向成功的峰顶!

目　录
Contents

第一章　抱定忠诚敬业的职业操守

忠诚敬业是一名优秀员工最基本的职业操守,也是他们坚守的职业道德底线,更是他们最坚定的信念,最执著的坚守。正是因为他们抱定这样的信念,他们才永远不会背叛企业,也从不轻易被诱惑,他们忠诚,他们敬业,他们把企业的事当成自己的事,他们把岗位工作当成自己使命,从来不计较个人得失,他们与公司甘苦与共,风雨同担,无论企业遇到多大的困难他们都会不离不弃。企业有这样的员工,就是企业之福;老板有这样的员工,就是老板之幸!

第二章　信守认真负责的职业态度

认真负责几乎是所有优秀员工的共同信念。他们把认真负责作为最基本的职业态度,哪怕是一件微不足道的小事,他们也会投入百分之百的精力,从不马虎,甚至其他员工总容易忽略的问题也逃不过他们的眼睛。他们把企业当作自己的企业,为企业鞠躬尽瘁;他们把工作当成自己的事业,哪怕肝脑涂地。即使是被迫要离开企业的最后一天,他们也会认真负责地站好最后一班岗,这样的员工,哪个企业和老板都会视为无价之宝。

第三章　始终坚信命运掌握在自己手中

　　优秀员工自强不息,始终坚信命运掌握在自己的手中。他们在遇到困难时绝不会先想到找别人来帮忙,深知求人不如求己,只有自己强大才是真的强大;他们坚信职场最重要的是能力,只要不断提升自己,不断使自己更强,命运就一定可以由自己掌握。

第四章　深深懂得有付出才有回报

　　优秀员工深信只要付出就一定会有回报。优秀员工总是把勤奋当成自己的座右铭,知道没有勤奋就不会有成功,只有脚踏实地,勤勤恳恳才是走向成功的捷径,他们从不觉得自己的付出会付诸东流,相信天道酬勤,付出多少就一定会得到多少回报,付出的越多得到的回报也就越多。因此,他们从不在乎多做一点,多干一会儿,因为他们比谁都明白,付出一定有回报。

第五章　永远奉行主动踏实的工作作风

优秀员工永远奉行主动踏实的工作作风。他们深深懂得,天上不会掉馅饼,机会不会主动落到自己手里,只有主动争取才能抓住机遇。因此,他们无时不刻都在工作中保持积极主动的心态,无论从事工作的贵贱,他们都会把每一份工作看成一个能让自己成功的机会,投入百分百的精力和热情,一步一个脚印,用顽强的耐心和脚踏实地的工作方法向着自己的理想奋勇前进。

第六章 始终知道只有敢想敢做才有成功的可能

优秀员工深深懂得,只有敢想敢做才有成功的可能,因而他们认定敢想敢做就是自己的行动准则。他们不被守旧的思想束缚,敢于冒险,大胆创新,只要想到什么有利于企业发展的好点子就马上付诸行动,任何时候也不放弃。正是这种敢想敢做,勇于创新的精神让他们走向了成功,为企业创造了更大的利益,也让他们从普通走向了优秀。

第七章 比谁都明白独木不成林的道理

优秀员工比谁都明白独木不成林的道理。他们在工作中从不彰显个人主义,从不特立独行,因为他们心里很清楚,一个人的力量再大也是有限的。众人拾柴火焰才能高。只有全体员工齐心协力才会战胜所有困难,才会使企业快而稳定发展。因此,他们主动融入集体中去,帮助能力欠缺的员工,向优秀的员工学习,和团队一起走向成功。

第八章 相信只有改变自己才能改变一切

优秀员工坚信改变自己才能改变一切。他们从不会为失败和错误找任何借口，更不会怨声连连，他们勇于承担责任和面对失败，并从自己的身上找原因，努力改变自己，努力提高自己，让自己不会在同一个错误上跌倒第二次。在不断改变自己的同时，他们的世界也在发生着改变——离成功越来越近。

第九章 任何时候都绝不轻言放弃

优秀员工任何时候都绝不轻言放弃。他们从来不怕失败，因为他们知道，只有经得起失败才能走向真正的成功,他们在一次次失败中越挫越勇,勇往直前,永不言弃。终于,他们用自己的坚韧赢得了真正的成功。

第十章 永不停下进取的脚步

优秀员工永不停下进取的脚步。他们时刻都有一种危机感,不进步和原地踏步的结果只有一个,就是被淘汰。只有不断提高自己的能力,才能不断跟上企业的脚步,成为一名优秀的员工。因此,他们勤于观察,留意工作和生活中每一处能让自己进步的事物,但他们不急于求成,而是脚踏实地,每天学习一点点,每天进步一点点,并深信,好运和机会只会降临到那些随时做好准备的人身上。

第一章 抱定忠诚敬业的职业操守

　　忠诚敬业是一名优秀员工最基本的职业操守,也是他们坚守的职业道德底线,更是他们最坚定的信念,最执著的坚守。正是因为他们抱定这样的信念,他们才永远不会背叛企业,也从不轻易被诱惑,他们忠诚,他们敬业,他们把企业的事当成自己的事,他们把岗位工作当成自己使命,从来不计较个人得失,他们与公司甘苦与共,风雨同担,无论企业遇到多大的困难他们都会不离不弃。企业有这样的员工,就是企业之福;老板有这样的员工,就是老板之幸!

1

忠诚敬业是最基本的职业操守

一个人不管从事何种职业,都必须具备良好的职业操守,否则他将一事无成。所谓职业操守,就是指人们在职业活动中所遵守的行为规范的总和,它既是对从业人员在职业活动中的行为要求,又是从业人员对社会所承担的道德、责任和义务。职业操守包含的内容有很多,譬如诚实守信、忠诚、敬业、遵纪守法、文明礼貌等等,在这众多的内容里,忠诚和敬业是一个人应该具备的最基本的职业操守,没有忠诚敬业,一个人无论走到哪里都不会有任何立足之地。

在现代职场中,频繁"跳槽"已经成为一个再普通不过的现象,人们早已把"忠诚"和"敬业"抛在了脑后。然而,无论是对一家企业还是对一个员工来讲,要想长远发展和实现自己的成功,"忠诚"和"敬业"是必不可少的,是一个企业和一个员工的灵魂。

忠诚和敬业是统一的,是共同存在的,没有忠诚,不可能敬业,没有敬业,更加谈不上忠诚。许多事例都可以证明,唯有忠诚敬业的人才能得到重用,从而有一番大作为,一个不忠诚敬业的人,就算拥有得天独厚的条件,也将一事无成。

在香港有一个很有钱的商人,他的成功之路很坎坷,能够走到腰缠万贯这一步除了与自己的不断努力分不开以外,最重要的是得到了许多好朋友的鼎力帮助,在他遇到苦难几乎破产的时候,是许多好朋友拉了他一把,并始终鼓励他奋勇向前。

　　一天，这个商人的一个好朋友去世了，虽然好朋友临终前没有托付他任何事，但他想到好朋友的儿子即将失去了依靠，而且至今都没有一个像样工作，就决定帮老朋友一把，让老朋友的儿子来自己的公司上班，也算是报老朋友当年的救助之恩。

　　把老朋友的儿子带到自己的公司工作以后，这个商人把老朋友的儿子当自己的儿子看待，对他百般呵护，而且毫无顾虑地把与公司存亡密切相关的一些重要技术也传授给了他。

　　但"我欲将心对明月，奈何明月照沟渠"。老朋友的儿子不但在平时工作中不积极主动，工作状态很慵散，总是不认真对待。更严重的是，在某一天，商人突然发现老朋友的儿子竟与其他公司的人串通，准备出卖公司的重要技术。他痛苦欲绝，本想传授老朋友的儿子一些重要技术后再把他派到欧洲任分公司经理，但眼前的场景让他心灰意冷。

　　商人经过了复杂的心理斗争，他知道，自己今天的成就是他和老朋友一起辛辛苦苦打拼出来的，如果让老朋友儿子这样的员工出任公司的重要职位，不但会葬送了公司的前程，更会对不起老朋友当年的帮助。这样想着，商人当机立断，将不忠诚敬业的老朋友儿子开除出了公司。

　　这个年轻人本应有一个很光明的未来，但他却最终亲手葬送了自己的美好前程。很多时候，一个员工忠诚敬业的最大受益者并不是企业，而是他自己。一个员工一旦养成忠诚敬业的好习惯，就拥有了比金子还要宝贵的品质，而每一家企业都很欣赏有这种品质。一个忠诚敬业的员工，无论到了哪一家企业，都会得到重用，都会成为企业的骨干力量。

　　优秀员工，都是既忠诚又敬业的员工，他们始终会把忠诚敬业看成是自己应该具备的最基本的职业操守。正因为如此，他们才成为了德才兼备，备受企业重用的栋梁之才。

2

忠诚是现代员工应坚守的道德底线

　　所谓职业道德，就是指从业人员在一定的职业活动中应遵循的、具有自身职业特征的道德要求和行为规范。职业道德包含很多项内容，譬如爱岗敬业、诚实守信、办事公道，等等，但忠诚是一项最基本也是最重要的职业道德，更是一个现代员工应该坚守的道德底线。

　　我们每个人在这个世界上都不能独立存在，自出生后我们便开始接触各式各样的人，父母、同学、老师、朋友、同事、领导，等等。可以说，一个人要想在社会中有立足之地，并有一个长远的发展，与别人交往是必不可少的。而一个人与别人交往最需要的就是诚信，一个没有诚信，没有忠诚度的人，永远不会得到别人的信任和真诚相待，就更加谈不上能有所作为。

　　古时候，忠诚经常被用在臣子对君王和国家的态度上，但在当今市场经济飞速发展的时代，忠诚已经扩展到更多的领域。对于一个职场上的人来说，他一生的大部分时间都是在工作中度过，而他所获得的成功也在很大程度上都来源于工作。一个没有忠诚，总是背叛自己的企业，总是欺骗自己同事的员工，就算他再有才华，再有能力，也必将失去老板的重用和同事的信任，永远都不可能在工作上做出什么大成就，甚至连在企业中的立足之地都很难保证。

　　而一名真正优秀的员工，一定富有高度的忠诚感，他不但会忠诚于企业，更会忠诚于老板、忠诚于同事、忠诚于工作，并把自己的前途和企业紧密地结合起来，把忠诚的信念作为自己的立身之本，作为自己应该坚守的道德底线。这样的员工无论做什么事情都会以企业的利益为重，总是比其他员工更加关注企业的安危，他的忠诚感更会在不知不觉中影响到别的员工，从而得到老板的信任和同事的敬仰，得到更好的发展机会。

　　还有一点我们不得不承认，在当今社会，忠诚对于一个职场人士来说越来越重要,是否具备忠诚的品质已经直接影响到他能否找到一份立身的工作。虽然在以前,许多企业和老板很少考核员工的忠诚问题,而是更加看重员工的文凭和工作经验,只要这两个方面具备,那么基本就会被录用。但在现在已经截然不同,现在的社会并不缺乏有能力和高学历的员工,而是缺乏有道德的员工,所以许多企业和老板在招聘一个员工或者对一个员工委以重任时,会特别关注员工的忠诚度,如果经过考核认定这个员工的忠诚度不够,那么即使这个员工学历再高,有再丰富的工作经验,他们也绝不会录用。确实,若一个企业有众多忠诚的员工,那么这个企业的凝聚力在无形间便得到了提升,而这种凝聚力正是一个企业能够发展壮大的根本所在。

一个忠诚的员工才是企业真正需要的员工,才是深受同事敬仰,老板真正能够放心地委以重任的员工。而那些优秀员工正是这样富有高度忠诚感的员工,他们时刻都会把忠诚作为自己的立身之本,作为自己应该坚守的道德底线。让他们时时刻刻都把自己当成企业的一分子、当成企业的主人,他们对老板忠诚、对企业忠诚,从不做不忠于老板,损害企业利益的事;他们更对同事忠诚,把每一个同事都看成是自己的家人,真诚相待,从不做不忠于同事或者有损同事利益的事。正是因为始终坚守着这份像泰山般坚定不移的忠诚,所以他们才会得到同事的尊敬,赢得老板的信赖和重用,成为企业中最受欢迎和最有前途的员工。

3

忠诚的员工比有能力的员工更受企业青睐

许多员工总是认为,拥有能力就是拥有获得成功的资本,只要有能力,到哪里都会受到重视;只要有能力,到哪里都能有一番作为。可事实上，我们总会看到许多有能力的员工却一事无成，甚至连工作都保不住，被一次又一次地炒了鱿鱼，其根本的原因，正是缺乏了忠诚之心。在优秀员工眼里，忠诚更胜于能力。因为他们知道，在当今竞争激烈的职场中，一个人已经不能仅靠能力获得成功，只有德才兼备的人才能在激烈的竞争中打败众多对手，独占鳌头。优秀员工始终坚信，忠诚的员工永远比有能力的员工更受老板青睐。

其实在当今社会，每个人的专业技能并不会相差太远，而一个企业中也不缺少专业技能高超的人才，企业真正缺少的是那些既有能力，同时又忠诚的德才兼备型的员工。但是就算一个人再有能力，如果缺少忠诚，也绝不会得到企业的青睐。

赫赫有名的西门子中国有限公司曾郑重声明："那些只工作半年或者一年就换工作的人我们是绝对不会要的。"西门子公司在招聘员工时，会先看应聘者的简历，如果发现应聘者是一个经常跳槽的人，便绝对不会录用，甚至连面试的机会都不会给。西门子公司认为，经常跳槽的员工缺乏对待企业最起码的忠诚，即使再有能力，再有经验也不会给企业很大的价值，时间久了，定会成为危害企业的毒瘤。其实西门子公司之所以能够看到忠诚的重要性，也是付出了惨痛的代价后才体会到的。

在西门子刚进入中国的时候，一个分公司曾招了一批员工，并经过大力培训最终成为业务骨干，一时间，企业的订单不断，利润大增。分公司老板对这批骨干也是宠爱有加，嘘寒问暖，加薪宴请。他认为：只要我给你们的待遇好，还怕你们不好好干？

可是好景不长，那些业务主管做了几年业务下来，脑子就"活络"了，心想：手里有现成的业务骨干和客户群，如果把这群业务骨干挖走，做西门子产品的代理，能自己单干，那一定比在这里打工有发展。

有了这种念头，其中一个业务主管就开始偷偷地自己联系业务，为了给自己拉拢更多的客户，他给一些客户吃回扣。最严重的一次，他竟然在与外商谈判时在中间做手脚，结果导致企业损失惨重。

老板知道后怒不可遏,把包括业务主管在内的这批业务人员全部炒掉。这让企业元气大伤,这个经历在分公司老板心中留下重创,阴影难消。后来他明确规定,在以后招聘员工时,一定要保证员工的忠诚度,哪怕他的知识水平差点,经验不足,这些都可以通过培训来弥补,但如果员工缺乏对企业的忠诚,即使他是天才,也要将其拒之门外。

不仅仅是在西门子公司,在任何一家公司,一个员工要想得到老板的赏识和重用,最根本的一个制胜法宝就是忠诚。因为无论是哪一个老板,都不会对一个不忠诚的员工委以重任,一个对企业不忠诚,总是损害企业利益,总是随便跳槽的员工,即使他有再高超的能力,也终将没有一家企业愿意录用他。

忠诚的员工比有能力的员工更受老板青睐。没错,任何一家企业的老板都倍加欣赏忠诚的员工,他们只会重用那些忠诚的员工身上,而从不会将大任委以一个不忠诚的员工,哪怕是这个员工再有能力,他们也从不会改变。

"不是说忠诚胜于能力吗?为什么我对企业很忠诚,但却总得不到重用呢?"这是许多员工经常抱怨的一个问题。其实,这些员工没有意识到,他们没有得到重用并不是因为企业和老板不重视他们,而是他们的能力还有待提高,还不足以承担大任。如果企业和老板真的不重视他们,那么为什么还会把他们继续留在企业中,而不像对那些虽然能力出众,但却缺乏忠诚的员工一样将其扫地出门呢?其实企业和老板正是因为深知忠诚胜于能力的道理,所以才将这些能力平平但却很忠诚的员工留在企业中,他们很清楚一个员工缺少能力可以通过培养来弥补,并不会给企业带来多大损失,但如果一个员工没有忠诚,必定会给企业造成致命的损害,这样的员工必须尽早从企业中铲除。

优秀员工总是叮嘱自己,能力欠缺不可怕,至少可以通过勤奋学习来弥补,但忠诚欠缺一点都不可以,因为企业不会给一个没有忠诚的员工任何弥补的机会。之所以会有如此领悟,正是因为优秀员工深深地懂得忠诚比能力更重要,忠诚的员工比有能力的员工更受老板青睐的道理,他们在不断提升自己能力的同时,更加重视自己的忠诚,所以,他们才成为德才兼备,备受老板重用的人才。

4

忠诚于自己,不为点滴诱惑背信弃义

有一位知名经理人曾经这样说道:"一个员工,只有先忠诚于自己,然后才有可能忠诚于自己的老板,才可能忠诚于企业。"其实这句话说得很有道理,如果一个员工连自己都不忠诚的话,怎么可能忠诚同事,怎么可能忠诚老板,怎么可能忠诚于自己的企业。一个受到一点诱惑就背弃自己应该遵守的基本做人原则,随意更换工作岗位,随意出卖企业的利益的员工,就是一种对自己的不忠诚,是对自己的前途和未来的一种不忠诚。这样的员工永远不会有什么大作为,更加得不到企业的重用。

周海兵在一家大公司任职,由于能力出众,而且口才也很棒,很快被提升为技术部经理。周海兵有一种强烈的感觉,自己一定能出人头地,做出一番大事业。

这天,一位来自澳门的商人请周海兵吃饭。席间,他对周海兵说道:"最近我正在和你们公司谈一个大项目,如果你能把你手头上的技术资料给我一份,我一定会给你丰厚的回报。"

"什么?你的意思是让我出卖我的公司?"周海兵简直不敢相信自己的耳朵,他怒斥道。

澳门商人见周海兵有些气愤,急忙小声说道:"这件事只要你我不说出去,不会有人知道的。"说着,他将一张支票递给了周海兵,上面的数额是50万。本来还想拒绝,但看到支票上的数字,周海兵动心了,思索了许久后,他答应了澳门商人的请求。

随后,在澳门商人和周海兵的公司的谈判中,周海兵公司吃了大亏,损失惨重。事后,公司查明了真相,开除了周海兵,而且还把周海兵告上了法庭。

面对一纸法院的传书,周海兵留下了悔恨的泪水,但却为时晚矣。

在这件事情上,周海兵犯了一个员工最不应该犯的大忌,那就是只为受到一点诱惑便轻易背叛了自己,违背了一个人最基本的应该忠诚于自己的做人原则,所以才落得悲惨的结局。周海兵有这样的结局理所当然,因为在任何一家企业和一个老板看来,这样的员工必须尽早从企业中清除。

很多时候,一个员工忠诚于自己更多的体现在忠诚于自己的工作上,因为工作是自己的,你忠诚于自己就是忠诚于自己的工作。一位老板曾经公开对自己的员工说:"你不必忠诚于我,甚至都不必忠诚于企业,你只要忠诚于自己的工作就行了。只要你尽心尽力地做好自己的本职工作,全心全意地提高自己的能力,这就是对老板我最大的忠诚。如果你随时离开公司,都会有企业眼巴巴地双手捧着好的职位请你,那我会非常高兴,也是我对你们最大的期望。因为这说明你是人才,别人都抢着要你。"

对于一个员工来说,忠诚于自己,忠诚于自己工作的最大受益者并不是公司和老板,而是员工自己。一个忠诚于自己,忠诚于自己的工作的员工,进而才会更加忠诚于老板,忠诚于企业,这份忠诚是一笔财富,它能给这个员工带来丰厚的回报。反之,一个连自己都不忠诚,对自己的前途全然不顾,受到一点诱惑就背弃了忠诚的员工,最大受害者是他们自己。

一个广告策划人员被另一家给出的高薪所吸引,匆匆告别了原公司。谁知刚到新公司上班不到三天就被解聘了。原来,新公司根据他履历表上的记录,回访他的原公司时,原公司的上司正急着找他呢。他急于到新公司上班却对很多工作没交接清楚,致使原公司不能正常开展工作。面对这样一名能力很强但缺乏责任心的策划人员,新公司果断决定解聘他。

许多员工这样认为,在当今这个发展迅速的社会中,哪家的公司给的报酬高就应该到哪家公司去,哪家公司更有发展就应该到哪家去。人挪活,树挪死,这是一个无可非议的道理,但无论到了哪里,忠诚不仅是一个员工始终不能抛弃的基本态度,更是其应该坚守的一个重要的做人原则。一个员工如果连对自己忠诚都做不到,那么没有一家公司会录用你,更加不敢重用你,这样的员工永远不会得到成功的机遇。

德新龙设计公司有几个才华出众的设计人员,在开始进入设计公司时,他们都能够齐心合力,以公司的发展为目标。因此,公司的业务一天天地扩大。但是随着公司的成长,利润分配出现了问题,几个有才华的人都认为自己为公司创造了高利润,可是公司给自己的回报却微乎其微,于是就出现了极端的行为。有的人因为在公司中不能得到自己想要的那些利益,竟然在外面接私活干,以取得心理的平衡,另一些人也纷纷效仿,时间长了设计公司的正式工作反而被荒废了。设计公司经理苦劝这些设计师,希望他们不要再干私活,但是效果并不明显,这些设计师反而肆无忌惮,更加追求一个高的利益回报,最后设计公司在经理的一声叹息中倒闭了。这时,设计师们纷纷寻找自己的客户,想要跳槽,但是他们这种只顾个人利益的行为却深深让他们的客户反感,"你在那个公司只想着自己的利益,在我们公司难道会替公司的利益着想吗?"于是,所有的客户都拒绝录用他们。

这些原本很有才华的设计师,原本应该有一个美好前途的潜力股,但却只因为受到一点诱惑就忘记了最基本的要对自己忠诚的原则,最终只能亲手毁了他们的前程。而一名真正的优秀员工,绝不会像这些设计师一样,他不但忠诚于企业,忠诚于老板,更加忠诚于自己,因为他们很清楚忠诚于自己的最大受益者不是企业,也不是老板,而是自己,一个只有首先做到忠诚于自己的人才能获得更大的成功。

5

忠诚于企业，与企业共渡难关，不离不弃

对于一名忠诚于企业的优秀员工来说，他对企业的忠诚表现在很多方面，其中最重要的一点就是对企业不离不弃，无论企业遇到什么困难，无论有多大的诱惑摆在面前，都要与企业同甘共苦，共渡难关。

我们经常看到一些很有能力的员工，但却总是没有任何一家企业愿意录用他们，即使是雇佣了他们的企业也会在很短时间内将他们辞退。其实，导致这些员工求职道路坎坷的罪魁祸首正是因为他们缺少了一个员工应该具备的最起码的忠诚，尤其是他们在企业遇到困难时总是第一个离开，置企业的安危于不顾。我们都知道，企业就像航行在大海里的一艘船，遇到风浪是难免的，在企业遇到困难时候，也正是对一个员工忠诚度考验的时候。这时，那些普通的员工往往会以个人利益为重，像躲避瘟疫一样迅速离开企业，而那些真正优秀的员工，即使企业遇到再大的困难，也一样会坚守自己的忠诚，对企业不离不弃。而他们也因之有更长远的发展前途。

思坦因曼斯是德国的一位工程技术人员，因为德国经济一时间的不景气，他失去了工作，无奈之下，他只能跑到美国寻找生计。

到美国后，思坦因曼斯去过多家公司找工作，但由于种种原因，他的工作一直没有着落。

终于有一天，他幸运地得到一家小工厂老板的青睐，雇用他担任制造机器马达的技术工作。思坦因曼斯是一个对工作勤于钻研的人，很快便掌握了马达制造的核心技术。

一次，美国的著名福特公司有一台马达坏了，公司所有的技

术人员都没能修好。正在大家一筹莫展的时候，有人推荐了思坦因曼斯，福特公司马上派人请他来修理。于是，思坦因曼斯要了一张席子铺在电机旁，先聚精会神地听了三天，然后又要了梯子，爬上爬下忙了多时。最后他在电机的一个部位用粉笔画了一道线，写下"这儿的线圈多绕了十六圈"的一行字。福特公司的技术人员按照思坦因曼斯的建议，拆开电机把多余的十六圈线取走，再开机，电机果然正常运转了。

福特公司问他要多少酬金？他要一万美元，人们都惊呆了——划一条线竟要这样的天价！而思坦因曼斯却说："划一条线值1美无，知道在什么地方划线值9999美元。"

福特公司的总裁福特先生得知这件事后，对其十分欣赏，亲自邀请思坦因曼斯加盟福特公司。但思坦因曼斯却向福特先生说，他不能离开那家小工厂，因为那家小工厂的老板在他最困难的时候帮助了他。

福特先生对思坦因曼斯的拒绝感到很惊讶，许多人都以能到福特公司工作为荣，但思坦因曼斯却完全没有受到诱惑，仍然对原来的小公司不离不弃，这样忠诚的员工千金难买呀！

没过多久，福特先生做了一个令公司员工匪夷所思的决定，他决定收购思坦因曼斯所在的那家小公司，很多员工都问他为什么？他感慨地说道："因为那里有思坦因曼斯。"福特先生是个聪明人，对于思坦因曼斯这样一个忠诚而又有能力的员工，他即使花重金也要纳为己用。

像思坦因曼斯这样既忠诚又有能力的优秀员工，成为众多老板不惜重金，争相聘用的对象也是在情理之中。许多时候，即使是一名能力平平的普通员工，但只要你坚守对企业的忠诚，无论企业遇到多大困难也不离不弃，而是与企业共渡难关，那么你同样能在老板心中留下一个很好的印象，如果企业能顺利渡过难关，企业也永远不会抛弃你。

在金融危机中，许多企业都受到了前所未有的冲击，一些小的公司被迫倒闭，就连赫赫有名的大公司也伤得不轻，失去了原来的辉煌。

一家原本经营还算不错的小电脑公司在金融危机中未能幸免，仅有的业务全都被大公司抢去了，公司的经营状况一落千丈，资金周转出现了严重问题，濒临倒闭。

眼看许多有经验、能力强的员工都离开了公司，只剩下几个普通的员工坚决不走，这家小电脑公司的老板觉得很对不起这些员工，如果继续让他们跟着自己，迟早都会饿死。思来想去，这家电脑公司的老板向就向剩下的员工宣布："公司马上就要倒闭了，我不想拖累大家，你们还是走吧。要是在以往我会极力挽留大家的，如今我已经没有能力挽留你们了，我可以给你们多发一个月工资，在你们找到新的工作之前，这些钱还可以支撑一些日子。而如果继续下去，可能就连薪水也发不出来了，我不能误了大家的前途。"

"老板，我们不能走，是公司给了我们施展才华的平台，是你给了我们生活的保障，如今公司遇到了困难，我们不能撒手不管！"老板宣布完了以后，一个员工立即说道。

"对，老板，不要放弃，我们会和你一起共度难关，我们一定能挺过去。"另一个员工继续说道。

"是的，我们大家都不愿意走。我们还有一些积蓄，这些时间我们可以先不领工资。"一时间，许多员工都表明自己的态度，与公司同舟共济。

于是，全体员工各司其职，上下一心，共同努力，有的加班到深夜寻找客户，有的找朋友帮忙，有的甚至在不止一次被拒绝后仍然坚持找客户推荐产品，就这样，在老板和全体员工的努力下，公司经营情况逐渐有了好转，并很快恢复了正常。

事后，这家电脑公司的老板深有感触地说："感谢我的员工，在公司最危难的时候，是他们——他们的忠诚帮助公司闯过了难关。"

后来，这家电脑公司的老板实行了新的薪金分配制度，给那些和公司一同闯过难关的人利益分红。

优秀员工正是那些始终坚守着对企业的忠诚,即使在企业遇到苦难时,也会选择不离不弃,与企业同舟共济,一同渡过难关的员工。正是因为这种无论经历任何风雨都矢志不渝的忠诚,让他们更能走进老板的心中,成为老板可以放心委以重任的栋梁之才。

6

敬业是优秀的开始

一位成功人士曾经这样说道:"一个人即使没有一流的能力,但只要他拥有敬业的精神同样能得到人们的尊重,同样能变得很优秀;相反,即使你拥有过人的能力,却没有基本的职业道德,一定会遭到社会的淘汰。"确实,敬业是一个人走向优秀的开始,无论这个人的能力是否欠缺,但只要拥有敬业精神,他就能从平庸走向优秀,成为一个有所作为的人。

在现实生活中,许多员工都非常有能力,但却总成为不了优秀员工。其实归根结底正是这些员工缺乏敬业精神,他们始终认为,敬业的最终受益者并不是自己,而是企业和老板,所以自己根本没必要那么敬业,没必要做出更好的工作成绩。从表面上看,这些员工的看法却是很正确,因为一个敬业的员工创造出来的工作效益确实进入了老板的腰包。但如果放眼望去,一个敬业的员工最大的受益者其实是自己,因为敬业可以让他永远充满奋进的力量,可以让他通过认真工作不断增长自己的能力,可以让他告别平庸,走向优秀,进而有一番更大的作为。

在优秀人才数不胜数的今天,一个职场人士所面临的竞争是非常残酷的,如果没有敬业精神,就永远不会做出令老板满意的工作成绩,长此以往,必将成为企业裁员的对象,被社会无情地淘汰掉。敬业不仅仅是一个员工应该具备的最基本的职业道德,更是一个员工做出好的工作成绩,从平庸走向优秀,获得更大成功的重要条件。

许多员工总是喜欢为自己不能成为优秀员工找这样的借口:"这完全不是我喜欢的工作;这个工作干起来很不体面;这个工作的环境太差了;这份工作微不足道。"殊不知,正是这样的想法导致他们永远做不出优异的工作成绩,长期沦为最底层的普通员工,永远得不到老板的重用,甚至还面临着被辞退的危险。而在一名敬业的优秀员工看来,工作没有贵贱之分,无论多么平凡的工作,只要能用敬业的精神去对待,一样能做得很优秀,一样能创造出不平凡的成绩。

1996年,19岁的苏海兵从吴桥职教中心毕业后,来到铁城邮电支局当了一名普通的邮递员。刚开始工作,苏海兵向所有的用户承诺,不管是刮风下雨、天寒地冻,都能保证在第一时间将大家订阅的报刊等送到手中。然而,苏海兵可以轻易许下承诺,但执行起来却并没有想象的那么容易,甚至困难重重。

一天,苏海兵到邮局取邮件,早上去的时候,天气还比较好,等到中午他驮着报刊邮件往村子去的时候,天气就突然变了,狂风卷着大雪,十几米以外看不到任何东西。苏海兵推着载有50公斤重的邮包自行车,一步一挪向投递点前行。当他顶风冒雪送完回到家时,已是夜里12点多了。其实,当投递员受冻挨淋是常事,苏海兵受苦挨冻的样子,妻子看到眼里疼在心上,她劝苏海兵不要干了。可苏海兵舍不得这份工作,舍不得村子里的人,他决定要坚持做下去。

此后,每次苏海兵来到一个村子,许多孩子们都围着他问这问那,有的孩子还随着他一起到有信件、有报纸的人家。"报纸来了!"看到村民家里开着门,苏海兵就用清亮的嗓音吆喝一声,在家的大妈大叔们就会笑容满面地迎出来,热情地和他打招呼,然后领走自家的报刊信件。有时,大妈大婶看他满脸汗水,就转身回屋,端出一杯水,递到他的手上,看着他一饮而尽,亲切地招呼他到屋子里歇会儿再走。苏海兵笑笑，道声谢，转身上车到另一家去了。

苏海兵之所以和用户间有这么深的感情，除了他能满足用户的需要，更重要的是，他还特别注重了解投递线上的情况：哪个村子有多少人、多少养殖专业户、多少小工厂，哪家有体弱多病的人、有准备参加高考的人。他把这些情况都记在一个本上。

村子的交通不发达，人们步行到镇子上赶集需要走很长一段路，尤其是农忙季节，庄稼人更是舍不得时间。苏海兵把各家的情况记录下来，快到大集的那天，他就和人家打招呼，如果有人让他带东西，他就记录在他的小本子上，第二天准能给人家带来。

后来，苏海兵有了手机，为了便于与用户联系，他制作了一张"联系卡"。苏海兵的手机成了服务热线电话，仅与用户之间的联系，每月就花九十多元的话费。

因为工作出色，1998 年苏海兵被调到吴桥县邮政局负责投递工作。县城的投递工作同样繁琐，苏海兵仍坚持把信件送到居民手中。尤其是高考期间，如果遇到地址不详的录取通知书，他一定要挨家挨户地查询，直到妥投为止。

一次，一个叫张晓宇的学生被天津大学录取，地址写的是吴桥县育红路 46 号，苏海兵把通知书送到那里，才知道那户人家已经搬走了。接连几天，苏海兵都要到她家附近去打听，可一直没见到她的家人。几经周折才得知，张晓宇已回农村老家了。

苏海兵二话没说，骑上自行车直奔三十多里路外的张晓宇家。正担心搬家拿不到录取通知书的张家人拿到通知书后，感动地流下了热泪。

工作几年来，苏海兵最自豪的是和村民建立起来的亲情，最惭愧的是对不起家人。尤其是在 2001 年他的儿子刚出生时，他因为当时还在工作中，所以都没来得赶去医院。等他接到电话赶到医院时，妻子刚从产房出来。他的妻子看到气喘吁吁的他，只能把满肚子的埋怨硬生生地咽回去，换来的是委屈的泪水。

但付出总有回报，由于拥有高度的敬业精神，苏海兵的工作做得越来越出色，在之后的连续几年里，他都被吴桥县邮政局评为各种称号的"先进"和"标兵"，而且还被评为沧州邮政系统"十佳服务明星"、河北省总工会评为"百佳文明职工"、国家邮政系统评为全国"模范投递员"。

邮递员是一份极其普通的工作，整天风吹、日晒、雨淋、工资也不多，但就是这样一份别人看来永远不可能做到优秀，永远不可能有一番大作为的普通工作，苏海兵却凭借敬业的工作精神，做出了一番不寻常的工作成绩，告别了平庸，成为了一名备受领导器重和人民爱戴的优秀员工。

从平凡的邮递员苏海兵身上我们能看到每一个敬业的优秀员工的影子，更看到了每一个优秀员工告别平庸，走向优秀的重要秘诀。这个秘诀就是敬业精神，正是因为每一个优秀员工都具备高度的敬业精神，所以他们才能成为工作成绩优秀，备受企业重用的优秀员工。

7

敬业的员工必然更受企业和老板的重用

一个员工要想得到企业和老板的重用，要想实现自己的宏伟理想，敬业的品质必不可少。敬业是最基本，也是他们走向成功必不可少的工作态度，敬业可以为他们在走向成功的路上提供源源不断的动力，保证他们顺利到达成功的彼岸。在当今社会，没有哪一家企业不想发展壮大，没有哪一个老板不希望得到一个敬业能干的员工。具有敬业精神的员工才是企业和老板最要的员工，才能更容易获得成功和得到老板重用。

　　许多员工总是认为自己只是企业一名极其普通的职工,而且工作单调而乏味,工作的重要性可以忽略到即使不做也不会对企业造成任何影响的程度,因此与其敬业还不如混一天算一天。其实,即使是再平凡的工作,如果一个员工拥有敬业精神,认真地对待自己的工作,同样能在平凡的岗位上做出不平凡的业绩。

　　他1961年生人,小学、初中都是在微山县度过的。他的父亲是一位建国前的老干部,为人很正统,严父的教育和家庭的影响,为他的良好成长打下了深厚的根基。1975年那年,他从微山一中毕业了,一个尚不谙世事的14岁少年也作为"知青"下乡了,在"接受贫下中农再教育"过程中,由于他的老实本分,"知青点"的乡亲们都夸他是个好孩子。1977年局里招工,他首批被推荐参加了工作,工作单位在一分局。当时在一分局,职工子弟大都不愿意上船,而他从小就愿意到挖泥船上玩,就主动报名干上了自己热爱的挖泥船工。当时,他的师傅是船长兼轮机长李树新,一个很能干的共产党员,在师傅的教育和培养下,他更加懂事了,为人老实肯学,工作扎扎实实,一干就是六年,深受领导的赏识,真正成为了一名出色的挖泥船船员。再后来,组织上要培养修理工,由于工作勤奋认真,他又转到了修理班,当上了修理班长,还兼着船队的保卫和采购工作,职工们选他当代表,分局里评他当先进,他的工作得到了肯定。1991年,由于工作成绩突出,他又被借调到了汽修厂,担任起运组组长,开始接手一台即将被淘汰的解放5吨汽车吊。由于原车传动轴严重老化,干过修理工的他,和几个同事仔细琢磨,合理设计,以北京212传动轴改装代用,终于解决了难题。此后,他凭借敬业的精神,在新岗位上做出了许多出色的工作业绩,赢得了领导的爱戴和同事们的敬仰。这个他就是中国水利水电第十三工程局劳动模范宋德春。

　　宋德春在平凡的工作岗位上,用敬业谱写了自己的成功,也是他用亲身经历证明了只要拥有敬业精神,即使在一个普通的工作岗位上一样能做出一番大成绩。

一个真正敬业的员工，他会认真对待自己的工作、尽职尽责、勤勤恳恳，时刻都对工作充满热情，时刻都要求自己做到最好。因此，他总能取得优异的工作成绩，得到老板的重用，进而走向更大的成功。一个真正敬业的员工是企业的无价之宝，因为他不但可以让自己获得成功，而且还能把敬业精神感染给其他的员工，让越来越多的员工知道只有敬业才能使自己走向成功，进而为企业创造更多的效益。

这一天，辅导员通知同学们——《训诂学》老教授要在周六给选修这门课的同学补一次因他住院落下的课。

听到辅导员的通知后，同学们都开始议论纷纷，许多人认为考试都已经过了，再去上课还有什么意思，况且只是一节不影响毕业的选修课，不去也罢。因此，很多人都决定周六不去上课。

周六，选修《训诂学》的三十多名学生中，只有三位女生来到了教室。其实，这三个女生也不想来上课，只是在宿舍待着没意思，而且还很乱，教师里安静，也是一个聊天的好地方。

上课铃声一响，老教授准时走进教室，看到只有三个女生，而且连教科书都没拿，他先是一惊，问清楚事情的原委后，他微笑着环视了一下空阔的教室，清清嗓子，响亮地喊了一声"上课"。

老教授并没有把教室里看成只有三个学生，他仍然像平时上课时候面对三十个学生那样认真对待，耐心讲授着一个个精心准备的内容。他讲得非常投入，甚至有些忘我。不一会儿，他的额头上开始有汗珠滑落。

三个本来是来聊天的女生看到老教授的举动后不禁一惊，她们惊讶地看着老教授依然工整的板书、热情的手势和对每一个细节的耐心讲解，不由自主地被他的那份从容和认真深深打动了，她们不约而同地坐直了身子，认真地聆听起来。

课间休息时，三个女同学哀求面色有些苍白的老教授赶快回去休息。老教授擦着满脸的汗水连连摇头，说他还能坚持住，直到下课的铃声响起,他才如释重负地收拾好讲义,慢慢走出教室,而那三个女生则用满怀崇敬的目光看着老教授巍巍的背影。

很快,十多年过去了,当初那三个来听老教授讲课的女生,很快都脱颖而出,在事业上卓有成效,成为那届毕业生中的佼佼者。

在一次同学聚会上,面对大家羡慕和惊叹的目光,那三个女生一致回忆起在大学里补上的那一次课。虽然她们已记不清老教授所讲的内容,但老教授扶病面对三个学生时那份平静、那份声情并茂的投入,却深深地铭刻在了她们的脑海里。正是那一次课,让她们明白了"什么叫做敬业"、"什么叫做认真"。

敬业的员工对企业很重要,因为只有敬业的员工才可以为企业创造越来越多的经济效益,才可以让企业不断发展壮大。同样,敬业对一个员工来说也很重要,因为敬业是你做好工作的前提,是你成为企业栋梁之才的根基。优秀员工就是因为认识到敬业必然更受企业和老板的重用,所以他们对自己的工作总是充满敬业精神,也正是因为这种敬业精神,让他们成为了企业和老板眼中的不可缺少的人才。

第二章　信守认真负责的职业态度

　　认真负责几乎是所有优秀员工的共同信念。他们把认真负责作为最基本的职业态度，哪怕是一件微不足道的小事，他们也会投入百分之百的精力，从不马虎，甚至其他员工总容易忽略的问题也逃不过他们的眼睛。他们把企业当作自己的企业，为企业鞠躬尽瘁；他们把工作当成自己的事业，哪怕肝脑涂地。即使是被迫要离开企业的最后一天，他们也会认真负责地站好最后一班岗，这样的员工，哪个企业和老板都会视为无价之宝。

1

把认真负责作为自己的基本工作态度

在这个社会中,虽然每一个人的责任轻重都不尽相同,但不可否认的是,每个人都无法逃避责任,每个人都肩负着或大或小的责任。作为一名教师,他的责任就是教育学生,传授学生知识;作为一名医生,他的责任就是救死扶伤;作为一名警察,他的责任就是维护社会治安;作为一名员工,他的责任就是认真做好自己的工作,时刻为企业的利益着想。一名真正的优秀员工,一定是一个负有责任感的员工,他无时无刻都会认真对待自己的工作,把认真负责作为自己的基本工作态度。

在当今社会,无论一个人从事什么样的工作,无论他天资是否聪明,是否有过人的能力,无论他取得了多少成就或者职位有多高,认真负责都是他应该始终坚持,不离不弃的基本工作态度,因为只有首先对自己职责范围内的工作认真负责的人,才能胜任更艰巨的任务,才能被企业和老板委以重任,才会取得更大的成功。

佘云娣,38岁,浙江天能电池有限公司充电C车间的一位普通女员工。

起初到公司的时候,佘云娣对从事的工作一窍不通,但她并没有灰心丧气,她开始主动找有经验的师傅学习技术,功夫不负有心人,在很短的时间内,她便掌握了工作的所有流程,由于勤奋好学,工作又很努力,她很快就得到了公司领导的提拔,干起了包装检验和记账的工作。

包装检验和记账对佘云娣来说又是一个全新的工作，工作的难度除了要重新学习工作技巧外，每天一万多个电池的检验和包装任务也是一道难以逾越的鸿沟。

面对摆在眼前的新难题，佘云娣没有被打倒，她深深地知道，企业不是一个人的，它是大家的，有它大家才有发展的空间，有它大家才有生活的依靠，所以自己在做每一件事时，都必须认真负责，这样才能让企业发展壮大。这样想着，佘云娣铁下心来，一定要通过自己的努力渡过难关，于是她带领8个工友，从早到晚，加班加点，一丝不苟地潜心研究，认真检验每一个电池的包装，并做好详细记账。世上无难事，只怕有心人，终于，在坚持认真负责的工作态度下，佘云娣很快适应了新的工作，并且每天都能按时无差错地完成任务。佘云娣总是嘱咐自己，自己从事的工作是决定产品是否能够在市场畅通的关键环节，一旦松懈了，影响的不只是这个产品，更重要的是"天能"形象，所以必须认真负责，决不能马虎。

有一次，佘云娣正在包装台前检查包装的质量，突然，她发现几个电池的丝网印模糊不清，看起来不是很明显。"虽然这只是一个小问题，但却关系到公司产品在消费者中的口碑，如果马虎对待，企业的名誉一定会受损。"这样想着，身为检验员的佘云娣毅然对电池的质量说不，强烈要求退回车间返工，直到最终看到清晰的丝网印，她这才松下心来。

2008年，浙江天能电池有限公司充电C车间进行了一次民主选举，佘云娣由于认真负责的工作态度，光荣地成为2008年度天能集团先进个人。

佘云娣没有高学历，而且只是一名普通的检验员，却能超越其他高学历的人脱颖而出，成为先进个人。这不能不说是得益于她认真负责的工作态度。一个真正的优秀员工，就是佘云娣这样，时刻把认真负责作为自己的基本工作态度，无论从事什么样的工作，无论能力高低，他们都会用认真负责的态度去对待自己工作，正因为如此，他们才无论做什么工作都能做的很优秀,都能成为受老板器重的员工。

2

负起工作责任,把责任当作自己的使命

　　责任从本质上说是一种与生俱来的使命,它贯穿于每一个生命的始终。一个人来到世界上,追求奢华和享受是次要的,最主要的任务是为了完成自己的使命。对于一个人来说,只有他负起责任,并勇于承担责任,才有可能被赋予更多的使命,才有可能获得更大的成功。一个缺乏责任感或者不敢承担责任的人,不但得不到社会的认可,更得不到别人的信任,注定是一个无论走到哪里都没有立足之地的人。

　　一名真正的优秀员工,他时刻会把工作当成自己的使命,并在心中为自己设立一个工作标准,无论任何情况下,他都会全力以赴,认真做好自己的工作。正是这种把责任当成自己的使命的工作态度让他做出了优异的工作成绩,得到了同事的敬仰和领导的另眼相看。

　　2004年10月,赵光华通过应聘考试,进入安徽商之都六安商厦。丰富的阅历和好强的个性,让她比同龄人多了些韧性少了些浮躁,在新的工作岗位上,她很快便崭露头角。赵光华时刻告诫自己:一名员工,责任心是最起码的素质,只有企业发展了,才可能有个人的发展。她是这么说的,更是这么做的。在担任商厦办公室后勤管理部文员时,为了买到质优价廉的办公用品,赵光华经常骑着自行车跑遍市内大小批发市场,花最少的钱办最好的事。同时,她制定了保障用品领用及费用结算管理办法,逐步使保障用品费用由每月5000余元降至3000余元。

2005年10月，赵光华由于工作成绩突出，被晋升为主管，负责顾客关系部服务礼仪工作。在乐队培训中，她想尽办法逐个稳定队员的工作，学员们渴了，她端水倒茶；学员们身体不适，她及时送去问候；很多学员因参训得不到家人的理解和支持，她又挨家登门做工作；晚间培训时有的学员孩子没处安置，她就帮着照看。无论是每日的升旗仪式，还是每次外出演奏，无论是烈日酷暑，还是三九严寒，有队员的地方就有她的身影。4个月的培训，她终于带出了一支能演出的队伍。

2006年7月18日，乐队被邀请参加位于金寨县南溪镇合武铁路红石岩隧道的贯通仪式。赵光华向领导隐瞒了刚刚怀孕才一个月的实情，跟家人说到附近乡镇参加一个小活动，虽然她心里很清楚，自己今年已经28岁了，算是大龄孕妇，这样做有很大的危险性，但是为了集体荣誉，她还是坚持亲自带队去参加庆典仪式。在去往仪式的路上，由于崎岖山路的颠簸，赵光华和许多队员都因晕车而呕吐不止，原定3个小时的车程足足行驶了6个多小时。当晚安排好队员们的食住，已近子夜时分，由于劳累，晚上胃疼得厉害，赵光华几乎一夜未眠。但第二天一早，她还是忍住疼痛逐个房间叫醒还在熟睡中的队员。最终，在赵光华与大伙的齐心协力下，终于顺利地完成了这次礼仪演出任务。

赵光华是2006年六安市商贸系统的唯一的一名劳模，她能得到如此的荣誉和同事以及领导们得信任，正是因为她那对待工作认真负责，把责任当成自己的使命的工作态度所致。

有一句古语这样说，"人非圣贤孰能无过"，就算一个员工的能力再高，工作再认真仔细也难免会有犯错的时候。面对过错，一个真正的优秀员工，一定会勇敢站出来承担自己的责任。正所谓"知错能改善莫大焉"，一个企业真正需要的员工，不是没有犯过一个错误的"圣人"，而是勇敢地对所犯的错误负责，勇敢地面对错误，从错误中吸取教训，不断成长的"普通人"。

克莱希尔公司的经理人罗伯特曾经做过一家公司的采购

员。一次当他准备采购一位日本卖主给他提供的一种新款手提包时,发现自己在预算上犯下了一个严重的错误,以致如果要采购这批手提包就必须要超额动用"可支配账户"上的资金。公司明文规定,采购商绝对不能用尽"可支配账户"上的存款数额,否则就只能等到资金回笼时才能购买新商品,而这通常要等到下一个购买季节。

他意识到,如果他预先留下一笔资金,就可以抓住这个好机会。现在他面临两种选择:一是放弃这笔生意,而公司将会因此丧失一定的销售收益;二是向老板承认错误,并请求追加拨款。正在他一筹莫展的时候,老板正巧经过。罗伯特当即对老板说:"我遇到了麻烦,而这都是由于我犯的错误所致。"并向他说明了做成这笔生意的重要性。

尽管老板明白这是由于罗伯特没有做好评估所致,但还是对他的坦诚和敢于承担表示肯定,并很快给他拨款。结果这种新款手提包一上市就被抢购一空。

一个勇于承担责任的员工,并不会因为他的过错而失去老板的器重,正相反,老板会因为他用于承担责任的工作态度,反而更加器重他。

企业是由许多员工组合在一起的整体,而每一个员工都承载着关于企业兴亡的不可推卸的责任。一个企业要想得到长远发展,需要每个员工都把责任固定在自己身上,把工作当成自己的使命去认真对待,只有这样企业才能真正得到发展壮大。

微软之所以能称霸全球,始终处于领先地位,并不在于它有许多才能超群的员工,而是因为它的每一个员工都富有责任心和使命感。微软的每一名员工都以尽职尽责为使命,并深信只有自己才能肩负起这个崇高的使命。更重要的是,微软的每一名员工都懂得要完成这项使命,都带着责任感和使命感去工作,也正因如此,微软才能不断向世人推出一流的产品。

一个有责任感的员工,往往在这种责任感力量的驱使下更容易产生一种崇高的使命感。有了这种使命感,他会把工作看成是一项伟大的事业,并用自己的生命去认真对待。

德利·威尔森曾经是纽约中央铁路公司的总裁。有一次在访问中被问到如何才能使事业成功的时候,他是这样说的:"一个人,不论是在挖土,还是在经营大公司,他都会认为自己的工作是一项神圣的使命;不论工作条件多么困难,或需要多么艰难的训练,始终用积极负责的态度去进行。只要抱着这种态度,任何人都会成功,也一定能达到目的,实现目标。"

优秀员工就是这样负有责任感,把工作看成是一项伟大的事业、一项神圣的使命去认真对待的人,也正是因为如此,他们的职场人生才变得更加璀璨夺目。

3

即使是微不足道的小事也要投入百分之百的精力

有一句话说得好"细节决定成败"。在优秀员工的眼里,工作没有轻重之分,哪怕只是一件微不足道的小事,他们也会一视同仁,拿出完成重大任务的精神头去对待。因为他们知道,想要成为一名认真负责的优秀员工,就必须做好每一件小事,只有先扫好一屋,才能有足够的实力去扫天下。

丰田汽车的社长认为:"我们公司最为艰巨的工作不是汽车的研发和技术创新,而是生产流程中一根绳索的摆放,要不高不矮、不粗不细、不偏不歪,而且要确保每位技术工人在操作这根绳索时都要无任何偏差。"无独有偶,皮尔·卡丹对他的一线员工也曾说道:"如果你能真正地钉好一枚钮扣,这比你缝出一件粗制滥造的衣服更有价值。"这两位总裁说得没错,无论是哪一家企业,它的大部分工作都是一些琐碎、细微、重复的工作。这就说明,一个员工如果想有一番大作为,就必须认真地从小事做起,那些天天想着做大事,对待小事马虎大意,不认真负责的员工,即使再有能力,也绝不会被予以重用,更别谈能有什么大作为。只有一个对待工作中即使是微不足道的小事也投入百分百的精力,绝不忽略工作中的任何细枝末节的员工才能做出一番大成绩,才能成为老板青睐和重用的优秀员工。

汤姆·布兰德20岁时进入美国福特汽车公司,成为了一名杂工。

工作一开始,他就对工厂的生产情形做了一次全盘的了解。他知道一部汽车由零件到装配出厂,大约要经过13个部门的合作,而每一个部门的工作性质都不相同。他当时就想:既然自己要在汽车制造这一行做一番事业,就必须对汽车的全部制造过程都能有深刻的了解。于是,他主动要求从最基层的杂工做起。杂工不属于正式工作,也没有固定的工作场所,哪里有零活就要到哪里去。因为这项工作,汤姆才有机会和工厂的各部门接触,因此对各部门的工作性质有了初步的了解。

在当了一年半的杂工之后,汤姆申请调到汽车椅垫部工作。不久,他就把制椅垫的手艺学会了。后来他又申请调到点焊部、车身部、喷漆部、车床部等部门去工作。在不到五年的时间,他几乎把这个厂的各部门工作都做过了。最后他又决定申请到装配线上去工作。

汤姆的父亲对儿子的举动十分不解,他质问汤姆:"你工作已经五年了,总是做些焊接、刷漆、制造零件的小事,恐怕会耽误前途吧?"

"爸爸,你不明白。"汤姆笑着说,"我并不急于当某一部门的小工头。我以能胜任领导整个工厂为工作目标,所以必须花点时间了解整个工作流程。我正在把现有的时间做最有价值的利

信守认真负责的职业态度

用,我要学的,不仅仅是一个汽车椅垫如何做,而是整辆汽车是如何制造的。"

当汤姆确认自己已经具备管理者的素质时,他决定在装配线上崭露头角。凭借之前在其他部门干过,懂得各种零件的制造情形,也能分辨零件的优劣,没有多久,汤姆就成了装配线上最出色的人物。很快,他就晋升为领班,并逐步成为15位领班的总领班。

不管是谁,不管多么普通,即使是一份再平凡琐碎的工作,即使是工作中一件微不足道的小事,如果投入百分百的精力去认真对待,也可以走向成功。

俗话说,冰冻三尺非一日之寒。工作也一样,一个员工不眼高手低,而是脚踏实地,稳扎稳打,努力做好工作中每一件小事,才能为自己逐渐积累做大事的能力,才能在大事到来的时候有足够的实力去胜任。一个总是想着做大事,总是想一步登天的人,他到头来的结果往往是不但做不成大事,甚至连小事也做不好。其实,许多成功的机会很多时候都蕴藏在小事中,如果一个员工能同样投入百分百的热情去认真做好工作中的小事,那么他也就比其他员工更早一步走向成功。

有一位大学刚毕业的女孩,非常向往记者的工作,于是就去报考新闻机构。她被录取了,但是,由于没有记者的空缺,主管叫她暂时先为同事泡茶。对一个满怀梦想的大学生来说,整天去泡茶却做不了正事,心里当然非常失望。不过,当想到公司也不是有意轻视她,待遇也不错,将来还是有机会的。于是,她坦然地去上班了。

三个月过去了,她开始沉不住气了。心里总是抱怨:我好歹也是大学生,却天天来为你们泡茶。这样一想,她泡茶就不像从前那样愉快,泡出来的茶,也就一天不如一天了,但她并没有发觉。

有一天,她泡好茶端给经理喝,经理喝了一口,就大骂起来:"这茶怎么泡的?难喝得要命,亏你还是大学毕业呢?连泡茶都不会!"她真的气炸了,几乎哭了出来:"谁要在这个鬼地方继续泡茶呢!"

正准备当场辞职的时候,突然来了重要访客,必须好好招待,她只好收拾起不满与委屈,心想,反正要离开了,就好好泡一壶茶吧!当她认认真真泡完茶,把茶端出去,转身才要离开时,突然听到客人由衷的一声赞叹:"哇!这茶泡得真好。"别的同事,连那位骂她的经理都端起来喝,情不自禁地赞美:"这壶茶真的特别好喝!"

就在那一刻,她自己也呆住了。想着,只是小小的茶而已,竟然造成那么大的差异,或被上司骂,或被大家赞不绝口,这茶里显然有很深奥的学问,我要好好地去研究。

从此以后,她不但对水温、茶叶、茶量都悉心琢磨,就连同事的喜好、心情,也细心的体会。甚至,连自己泡茶时的心情状态会带来什么样的结果,也了如指掌。后来连老板都知道了她,赞许道:"泡茶都那么细致专心的人,一定是很精明难得的人才!"很快,她成为公司的灵魂人物,不久就被升为经理。

我们得庆幸这名员工是个幸运儿,因为是她在最后一刻偶然意识到的"小事也要去认真对待"的工作态度将她从疏忽大意的悬崖边拉了回来,同时也改变了她的一生。可在当代的职场中,我们很少有机会能像这个员工那么好运,因为没有一个老板会给一个不认真对待小事的员工任何发展的机会,只有每个员工做到未雨绸缪,无时无刻都去认真对待工作中的小事,才能真正抓住成功的机遇。

比尔·盖茨曾经说道:"如果你想成就一番大事业,必须从一点一滴做起。"但凡那些成就一番大事业的人,他们最开始都是做那些不起眼的小事,或者微不足道的工作。确实,无论是一个能力多么优秀的员工,工作初期都有可能被派去做一些琐碎的小事。而真正的优秀员工,他们会杜绝眼高手低的工作态度,选择稳扎稳打,认认真真地做这些小事,因为他们很清楚,小事是锻炼自己的最佳机会,"不积跬步无以至千里,不积小流无以成江海",如果连一件小事都做不好,即使被委以做大事的重任,也必将会以失败告终。正是因为这种对待小事同样认真负责的工作态度，让他们不但能将每一件小事完成得非常漂亮，更为自己积累了做大事的气魄，为日后获得更大的成功打下了坚实的基础。

4

从不马虎，对别人忽略的问题也绝不放过

美国总统乔治·华盛顿曾在他 14 岁时在笔记本上抄写了自己必须遵守的一些守则，以下是其中的一小部分"有别人在场的时候，不要自己乱唱，也不要用手指敲打或者用脚踢什么东西；别人讲话时，不要插嘴；别人站着时，不要坐下；别人停下来时，不要自己走；和别人在一起，不要读书或者看报，如果确有必要做上述事情，也一定要请求；事先不得到允许，不要看别人的书或者写的东西，写信的时候，也别离得太近。"从这些守则中我们能看出，这些都是对每一个人来说非常容易忽略的小事，但华盛顿却要求自己同样要认真对待，绝不能忽略。那么我们可以假想一下如果华盛顿不注意这些容易忽略的小问题，从不顾别人的感受，他能坐上位高权重的总统宝座，得到人民的爱戴吗？显然答案会有些无情，历史也可能会因之改写了。

美国通用汽车公司总裁韦尔奇一直被人们认为是一位传奇人士。然而，就是这位众人眼中的传奇人士，却并没有惊天的大作为，他的与众不同之处反而体现在一些细微的问题上。比如他能叫出公司所有管理者的名字，总是亲自接见所有申请担任公司高级职位的人，等等。在我们身边，有多少老板能够像韦尔奇一样对着这些最容易被忽略的小问题同样认真对待呢？这才是韦尔奇为什么为成为传奇人士的根源所在。

从华盛顿和韦尔奇的成功轨迹中我们能看出,一个人只要注意到一些别人最容易忽略的小细节,并对这些问题同样去认真对待,绝不放过,那么他一定能获得成功。

在职场中,许多员工之所以不能做出优异的工作成绩,永远无法获得成功,不是因为他们的能力不足,更不是因为他们的运气不好,最主要的原因是因为他们缺少对细节的关注意识,缺少对最容易被忽略的问题同样要认真对待的工作态度。很多时候,一个员工在一个小问题上的疏忽往往会致使整个工作最终功亏一篑。

五年前,小李还在一家营销策划公司工作。当时有一位朋友找到他,说他们公司想做一个小规模的市场调查。朋友说,这个市场调查很简单,他自己再找两个人就完全能做,希望小李出面把业务接下来,他去运作,最后的市场调查报告由小李把关。

这的确是一笔很小的业务,没什么大的问题。市场调查报告出来后,小李很明显地看出了其中的水分,但他并没有多加留意,只是随便做了些文字加工就把它交了上去。

五年后的一天,几位朋友与小李组成了一个项目小组,准备一块去完成北京新开业的一家大型商城的整体营销方案。不料,对方的业务主管明确提出对小李的印象不好,拒绝合作,原来这位先生正是当年那项市场调查项目的委托人。小李当时变得目瞪口呆,却也无从解释些什么。

小李的失败正应了卡耐基的一句话"一个不注重细节的人,永远不会成就大事业。"其实在职场中像小李一样的员工数不胜数,他们只是为了工作而工作,对工作中容易产生问题的细节总是漠不关心,或者是视而不见,根本不去处理。这也正是为什么许多员工都不能做出好的工作成绩,成为老板器重的优秀员工的关键所在。

真正的优秀员工就不会像上述例子中的小李一样,他们都是非常关注工作细节的人,即使是最容易被忽略的小问题,他们也绝不会放过。每一名优秀员工都应是一个完美主义者的化身,他们对待自己的工作总是力求精益求精,即使是工作中一些最容易被忽略的小细节,他们也一定会力争做到完美无暇。

王爱凤于1997年进入云南清逸堂公司并一直在采购供应部从事仓库管理员的工作。作为原材料仓库的管理员,不但要熟悉各种原材料,而且对工作必须十分认真,这活说起来容易,但是能够真正做到就不那么简单,而且要坚持多年如一日,始终如一的做到位就更是难上加难了,而王爱凤以实际行动坚持做到了。她在多年的仓库工作中,总结和归纳出了这么几条经验:一是仓位准备充分,入库工作及时。每当轮到她值班的时候,她都会提前半个小时接班,第一件事就是首先到两个包装车间查看生产了哪些产品的批次,然后根据生产情况、准备好将要入库产品堆放的库位,确保物流人员能够及时将产品入库,从而不致影响到车间的有序生产。二是对仓库的管理必须按照6S的标准进行管理。在多年的仓库管理中,她已经形成了一种习惯,那就是进入仓库马上查看生产现状后,就要打扫库房卫生、擦拭桌椅,保持仓库洁净,接着对零散批次的产品进行归类整理,确保产品堆码整齐有序,并对仓库消防器材进行检查,直到确认没有异常情况和问题时才放心的去做其他工作。三是及时做好信息录入,确保其准确性。对入库的产品她认真按单品批次进行清点,并检查外包装是否完好,认真核对好物流人员提供的入库条与实物,然后按入库条上的信息填写生产流转卡,最后才将相关的信息准确无误的录入到K3系统,做到帐、物、卡相符。当然,在认真细致做好上述工作的同时,她不忘仓库的安全管理工作。每一次当物流公司车辆来装货时,就要认真检查车辆是否清洁和卫生,雨季车辆的篷布是否完好,如果看到车辆不清洁和曾经运过其他物品时,就让驾驶员清扫干净再装货,避免产品受到污染。因为王爱凤对工作的严肃认真,虽然在仓库管理岗位上,周而复始地做着相同的工作,但她所做的工作确得到了同事和公司的认可,她被公司评为2010年度优秀管理者,受到了表彰奖励。

　　王爱凤就是一个对待工作精益求精的优秀员工的典范。在面对工作中许多微不足道的小事或最容易被忽略的细节时，他没有选择视而不见，而是同样选择认真负责的态度去对待，绝不放过一个小问题。正是因为这种从不马虎，对别人最容易忽略的问题也绝不放过的认真态度，才让王爱凤成为其他员工学习的榜样，成为公司器重的优秀员工。其实对任何一名员工来说，只要你能比别人先发现和关注那些工作中最容易被忽略和漠视的问题，并用认真负责的态度去解决这些问题，那么你就能比别人做出更优秀的工作成绩，成为王爱凤那样的优秀员工。

　　一名优秀员工不仅会努力做好自己的工作，更是一个对工作精益求精，力求做到最完美的高效执行者。他会把工作看成是自己用毕生时间来打造的一件精美的"花瓶"，在建造这件"花瓶"的大体轮廓时，他们兢兢业业，认真负责，从不掉以轻心，在一些最容易被忽略的小步骤上，他也从不马虎，绝不放过，力求做到最好。正是因为这种工作态度，让他把工作这个"花瓶"建造得越来越出彩，越来越得到"买家"和"用家"的赞赏。

5

把为企业工作看成是为自己工作

　　"石油大王"洛克菲勒为了教育他的儿子认真对待工作，曾给儿子写过一封信，信中他根据工作态度把人分为三类，第一类人把工作看成负担和惩罚，因此经常抱怨、牢骚满腹，常常说"累"；第二类人把工作看成是一种养家糊口的方式，因此虽然没有任何怨言，只是为了工作而工作；第三类人把劳动成果看成是自己的一件艺术作品，是自己的一种成就，因此用积极的心态去工作，把工作看成是一种快乐。洛克菲勒鼓励儿子努力做第三类人，为自己而工作。优秀员工就正是洛克菲勒所说的第三类人，他们从未把工作看成是一种负担或一种养家糊口的途径，而是把工作看成一种展现自己价值，提升自己能力的绝佳机会，他们总是认真负责地对待自己的工作，时刻把为企业工作看成是为自己工作。

李政从国内一所知名的管理学院毕业时，有几家大公司都有接纳他的意向，最后他却决定去一家规模较小的公司做总经理助理。对这样的选择，他的有些同学表示不解：在实力强的公司工作，起点不是更高吗？干吗自讨苦吃？再说，助理的工作不就是打杂吗，说好听点儿，就是收发文件、做做记录。

几年过去了，李政从一个初出茅庐的毛头小伙成长为一家年盈利过百万元的公司老总。有一次，当别人称赞他的能力非凡时，他谦虚地说："其实，我刚参加工作时所做的总经理助理工作使我受益匪浅。正是由于每天接触公司的各种文件、资料，才使我了解了作为一个领导的管理思路；正是记录一场场的会议过程，让我清楚了企业是如何经营、如何决策的。"

每个员工在为企业工作的同时，其实也是在为自己工作，在为自己将来的成功积攒实力。在认真做好你的工作的时候，你所得到的并不是仅仅的金钱回报，而是不断的磨练和提升，不断的知识和经验积累，这些对一个人来说远远比金钱更有价值。

然而，在我们周围，总有一些员工抱着"给多少钱就干多少活，何必那么拼命；工作是给老板做的，差不多就行了"的工作态度来对待工作。殊不知，正是这种只为金钱，只为工作而工作的工作动机，让他们永远无法成为一名出类拔萃的优秀员工。在这种态度的指使下，他们越来越不认真对待工作，总是过着做一天和尚撞一天钟的混沌日子，工作成绩变得越来越差，亲手葬送了自己原本可以很美好的前程。

一个员工仅仅为了得到薪水而工作，对于其他一切都全然不顾是一件非常可怕的事情。因为，是他亲手扔掉了为薪水重要百倍的，可以让自己走向更大成功的重要东西，就是能力的锻炼和知识的积累。能力的提升和知识的积累对一个员工来说比薪水更重要，因为每一个老板都不会平白无故给一个员工加薪水，给一个员工升职，只有老板看到了员工的能力和认可员工的能力，他才会给员工加薪和升职，这是职场上一个永远都不会变的铁定法则。一个员工只有抱着把为企业工作看成是是为自己工作，是为自己获得成功积攒实力的绝佳机会，他才能从平庸的阶层中脱颖而出，成为一名工作能力出众，深受老板器重的优秀员工。

6

在职一分钟就站好 60 秒的岗

经常有人这样说："一个人做一件好事并不难，难的是一辈子都做好事。"其实在工作上也一样，一个员工做到一时的认真负责很容易，但最难的是永远都坚持，无论任何时候都认真负责地对待工作。许多员工就是因为缺少这种毅力，所以他们永远成为不了一名真正受企业重用的优秀员工。而某些员工之所以能成为优秀员工，正是因为他们一直坚持认真负责地对待自己的工作，哪怕是出于某种特殊的原因，迫不得已必须离开自己的工作岗位，他们也会用百分百的精力和热情在工作岗位上坚持到最后一秒。由于始终坚持这种"只要在职一分钟，就必须站好 60 秒岗"的工作态度，使得他们在庞大的员工队伍中变得与众不同，成为每个老板都非常器重的优秀员工。

程红大学毕业后来到一家公司当了一名公关小姐，试用期为一个月。可是刚刚干了半个月，公司老总突然通知她，明天到财务科领薪水，然后走人。程红听后心里十分难过。其实，她对这项工作还是蛮喜欢的，但有什么办法呢，自己长得并不漂亮，口齿也没同来的小燕伶俐，自己遭淘汰是情理中的事。

程红知道今天有个重要的长沙客户要来，还知道这是个很难应付的客户。上次老总到长沙和他谈一笔生意，可谈了近半个月也没能谈成。这不，老总刚刚带着小燕到机场接他去了。想到这里，程红更觉得心灰意冷。正胡思乱想着，办公室的门突然被敲响了。程红开门一看，是个不认识的老人。于是，她问道："请问您找谁？"

"这是××公司吗？"老人擦了擦额头上的汗问。

"是的，请问您有什么事吗？"

"我是从长沙来的，请问你们总经理在吗？"

程红听后一愣：老总不是和小燕到机场接他去了吗？怎么他一个人来了？一想到明天就要离开公司，程红本来不愿管这闲事，但转念一想：离开公司不是明天的事吗？至少今天自己还是公司的一员，那么就让我站好最后一班岗吧。于是，她起身恭敬地给老人泡了杯茶，说："我们总经理到机场接您去了，您没碰上？"

老人一拍脑门："飞机提前到了，我还以为你们总经理没动身呢。"老人喝完了茶，又说："真解渴，谢谢你的茶！既然你们总经理不在，那我就告辞了。"

程红忙说："先生请留步，我们总经理早就为您联系好了宾馆，我这就带您去。"

到了宾馆，程红向总台打听了一下，回头对老人说："在8楼，808室，我带您上去。"老人一听，犹豫了一下说："8楼？我有恐高症……"

听他这么一说，程红马上说："既然这样，我给您调个房间。"于是程红将房间调到2楼，老人满意地上去了。

程红安顿好老人后，刚走进办公室，电话铃就响了。电话是老总打来的，老总生气地说："你跑哪儿去了，电话都没人接！你给我记住了，明天你才走人呢。"程红刚要解释，老总在那头又说："差点把正事忘了，我问你，那个长沙客户来过公司吗？"

"来过,现在已经住进了宾馆……"没等她说完,老总已挂断了电话。放下电话,程红忍不住流下了委屈的泪水。

第二天一早,程红来到公司财务科,准备领薪水走人。可是财务科的同事却说:"老总来过电话,叫你去一下他的办公室。"

走进老总的办公室,程红看见老总正在室内焦急地来回走着。见了程红,他忙招呼她坐下,说:"你不用走了,现在我决定正式聘用你。"

"为什么?"程红不解地问。

原来,昨天老总赶到宾馆,费尽周折才找到那个长沙客户。两人共进午餐后就开始谈那笔生意,让老总感到惊讶的是,这次长沙客户很快就在合同上签了字。

签完字,长沙客户笑了笑说:"有件事我不想瞒你,其实除了贵公司我在贵地还联系了另外一家公司,你知道我最终选择和贵公司签合同的真正原因吗?"老总疑惑地摇摇头。"让我改变主意的是贵公司一位姓程的小姐,就是公关部的那个,她非常敬业,而且善解人意,是她及时留住了我并把我带到了宾馆。她知道我有恐高症后,又马上将原来的房间从8楼调到了2楼。说起来这只是一件小事,可正是这件小事让我改变了对贵公司的看法。现在,我对我们的合作充满了信心。对了,临走之前我还想见一见那位程小姐,可以吗?我想当面跟她说一声'谢谢'!"

在当今这个竞争激烈社会中,许多企业和老板越来越看重那些认真负责,尤其是在面临下岗或者被解聘的时候仍然能做到在职一天就会认真负责地站好一天岗的优秀员工,因为他们很清楚,只有这样的员工才是企业真正需要的员工,才是真正将自己的命运和企业联系在一起,全心全意为企业发展壮大竭尽全力的员工。程红就是一个对待工作认真负责,即使面临在职的最后一天,也认认真真地站好最后一班岗的优秀员工。事实证明,正是因为她这种认真负责的工作态度,才使得她最终顺利走出了被开除的厄运,而且还成为一名备受老板重用的优秀员工。

　　然而,在工作中总是有一些员工就差那么一点点坚持下去的毅力,他们原本工作很优秀,也很认真负责,但出于某种特殊原因,譬如职位升迁、调岗、退休,他们在即将离开工作岗位,为以前的工作画上一个圆满句号的重要时刻,却犯了一个最低级的错误,没有把认真负责的工作态度坚持到最后一秒,最终使得之前所作的所有努力都付之东流,永远无法再有一番大作为。

　　而一名真正优秀的员工,一名真正对工作认真负责的人,无论何时何地都不会为怠慢工作找任何借口,他会将认真负责的态度一直贯穿工作的始终,即使是在职的最后一天,也绝不懈怠。许多事实都可以证明,这样的员工才是热爱工作的员工,才是真正受到老板信赖和同事敬仰的优秀员工。

　　作为美丰的老员工,李文金从 17 岁就参加工作,先后在碳化车间和尿素一车间工作,在碳化车间当了二十多年的班长,临近退休这几年被安排到了尿素一车间二氧化碳压缩机岗位工作,由于他出色的工作经验和责任心,仅仅在压缩机岗位工作了一年就担当起了主操。

　　8 月 29 日,当接到退休通知时,车间考虑到李文金都辛苦了几十年了,于是安排他最后两个深夜班不用上了。听到这一消息后,李文金放下电话,急得亲自骑上助力车赶到厂里,找到车间领导说:"我不是还没有退休吗,我还是一名在职员工,该干什么还得干什么!领导特别关怀的心意我领了……"听着他的这一席话,在场的管理人员无不为之动容。

　　就这样,8 月 31 日最后一个早班,李文金准时来到工作岗位,认真细致地进行巡回检查、排油水、加减负荷、启机、倒机,对他工作一如既往的认真和热情,精神矍铄地站好了最后一班岗。

　　在送李文金的那一天宴会上,同事们围着他,想让他说点"离别赠言"。经不住大家要求,李文金在几度哽咽后终于说道:"我还是尿素一车间员工,我的手机依然保留美丰小号,班组有活动通知我，我仍然要参加。"那一刻，全场寂静无声，但没过多久，全场便响起了雷鸣般的掌声。

"只要在职一分钟就站好60秒天岗"，正是这样的信念让无数像李文金一样的普通员工在自的岗位上永远坚守，并最终赢得了人们的衷心尊敬和敬佩。也正是因为这样的信念，让他们无论是在面临被辞退的最后一天，还是升职或者退休的光荣时刻，都不会有一点松懈，仍然认真负责地矗立在自己的工作岗位上，坚持到最后一秒。这种始终如一的认真负责的工作态度，使得他们永远不会成为被辞退的对象，甚至到任何一家公司，都一样能把工作做得很出色，一样得到同事的欣赏和老板的重用。

7

认真负责的人未来定会充满光明

许多员工总是笑那些对待工作认真负责、从来都不偷懒、总是第一个上班最后一个下班、无论做什么事都一丝不苟的员工很愚蠢，觉得他们永远不会有一个光明的未来。但在一个优秀员工的眼里，决定一个人能否有一个光明的未来的因素有很多，譬如能力、经验、运气，但有一点是必不可少的，那就是认真负责的态度，一个不认真负责的人，无论他再有能力，无论他有多么好的运气，也不可能有一个光明的未来，只有一个认真负责，无论做什么事情都一丝不苟的人才能真正拥有光明的未来。关于优秀员工的这个看法，我们从下面这封感谢信中也许能得到确切的答案。

小区物业服务公司全体人员：

你们好，我们是六区3楼301住户，自从我们入住咱们小区以来，深感到小区管理比较好，环境宜人，安全、保洁服务到位。领导费心，业主受益，为此表示衷心感谢。

再此我特别向领导反映一位好同志，他就是你们物业的程师傅。事情是这样的，近期以来我家厨房、厕所总是出现下水不畅的问题，打电话求救物业，来了个师傅，大个子，姓程，进门问清情况后就下手维修，边干边嘱咐老人："您别着急，一会就好！"一次又一次想办法直至维修好，态度热情，人特别实在，技术全面过硬，并说："我们就是为您服务的，有事您说话，随叫随到！"前些天供暖开始，暖气不是很热，程师傅接到电话，跑了好几趟，找人修理并搭进自己的休息时间进行查找问题，并叮嘱老人多穿点，别感冒，我们一定尽快给您修好，这一修就到晚上八点多才回去。

前几天，厕所又出现问题，程师傅不怕脏，三下两下就把马桶给拆了，清理了残便异物，洗洗手，擦擦汗，连口水都没喝，临走的时候还是那句话"有事您说话！"一次又一次这样的事情，感动了我家的老人，也感动了我们全家。老人说我们碰到了雷锋，他就是雷锋，几次干完活天黑了，到了饭时留他吃饭，他都宛然谢绝，后来老人让我们给他买了套保暖衣，表示谢意，他也未收，只讲："这是我们应该做的。"多么朴实的一句话，恰恰显示程师傅觉悟高、人实在，他干工作从来不计时间不求回报，为人老实，技术全面。不是我们说好听的，在当今社会，这样的好同志太好找啦！

程师傅的行动体现了国天物业对业主的承诺和服务，通过他的表现，显示出了贵公司在业主中的信誉，有这样的同志，我相信你们的工作会更上一层楼，事业会更加兴旺发达。

同时希望物业领导对这样的好员工，业主认可的好同志给予表彰。

从这封感谢信中我们能清楚地看到，一个对待工作认真负责的员工，虽然有的时候可能你的老板看不到,但这并不能阻碍你有一个光明的未来。因为还有很多眼睛在注视着你,还有很多成功的机遇在跟随着你,只要你能坚持认真负责地对待工作,你一定能抓住成功的机遇,迎来光明的未来。

其实,大多数老板的眼睛都是雪亮的,他们都希望拥有更多认真负责的优秀员工,都希望这些员工给企业带来更多的效益。只要一个员工始终坚持认真负责地做好自己的工作,那么迟早有一天会得到老板的认可和重用,走向更大的成功。

但是,在我们的周围,总是有许多员工没有认识到这一点。他们总是把得不到重用的原因归结在公司和老板身上,从来没有认识到一个员工要想得到重用是建立在认真负责的基础上的。他们总是抱着"差不多就可以了,不用那么拼命;如果有更好的发展机会就马上跳槽"的态度来应付工作,正因为如此,他们逐渐失去了工作的动力,工作状态变得越来越懒散,更加做不出杰出的工作成绩,最终亲手葬送了自己的升迁和加薪的绝佳机会。

这天上午八时许,在凌云保温材料厂硅酸铝棉车间里工作人员同往常一样忙碌着。当班运行班长张勇巡回检查到空压机房时,突然看见地面上有很多油污,经检查压缩机机头处此时正在向外喷射空压机油。张勇立即启动备用空压机,停掉这台漏油的空压机。

下班后,张勇主动要求对空压机压缩机机头做仔细检查,发现是垫片长时间运行老化造成漏油,需要更换垫子。他马上拆除机头上的法兰螺栓,测量法兰垫子厚度,剪制耐油纸薄垫进行更换。之后他又对这台空压机做全面检查,见机滤油位偏低,及时补加润滑油,经试运转正常。事后,这台机器再也没有出过任何毛病,而张勇也因为对待工作认真负责的工作态度,更加深得老板的器重,甚至引来了许多社会媒体的争先报道,成为一个所有员工都争相学习的楷模。

如果每一个员工都能这样认真负责地对待自己工作的,那么又何愁没有老板愿意雇佣,何愁得不到重用。其实,优秀的员工正是像张勇这样的员工,他们对待工作从不马虎,无论是工作中的大问题还是小问题,无论是做着平凡的工作还是高贵的工作,他们都会坚持热真负责的工作态度。正是因为这种认真负责的工作态度,让他们屡创佳绩,步步高升,走向一个充满光明的未来。

第三章　始终坚信命运掌握在自己手中

　　优秀员工自强不息，始终坚信命运掌握在自己的手中。他们在遇到困难时绝不会先想到找别人来帮忙，深知求人不如求己，只有自己强大才是真的强大；他们坚信职场最重要的是能力，只要不断提升自己，不断使自己更强，命运就一定可以由自己掌握。

1

命运并不由天，而是由自己掌控

　　许多员工总喜欢把"生死由命，富贵在天"挂在嘴边，他们认为，命运是由天注定的，自己不可能改变命运。抱着这种态度，他们总是不敢与命运抗争，任由命运摆布，永远不会有什么作为。而那些工作优秀，备受老板重用的优秀员工则不这么认为，他们总喜欢这样比喻自己的命运"命运是上帝发给自己的一手牌，而打牌的权利在于自己，不在乎得到一手好牌，关键是怎么把手中的牌打好"。因此，优秀员工始终坚信，命运并不由天，而是由自己掌握。

　　19岁时，萨姆·苏利文和朋友去滑雪，他与朋友做游戏，要从朋友张开的双腿间滑过去，结果却撞在了朋友的身体上，折断了脖子，导致颈以下全身瘫痪。自此以后，这个高大英俊的青年变成了一个只能摇头的残疾者，终生依靠轮椅生活。

　　在折断脖子后的几年里，待在家里的苏利文陷入了选择生还是死的挣扎中。他把受伤前打工赚的钱都取了出来，买了辆专门为残疾人设计的汽车。为了不让父母太伤心，他设计了开车坠崖这种自杀方式，所幸的是，他的几次"坠崖练车"都没有成功。此后，要强的苏利文不忍再拖累两位老人，便坚持离开了家，搬到了一个半公益半营利性的公寓。

　　一天晚上，苏利文又一次独自在房间中品味绝望的痛苦。他盯着空白的四壁，感觉自己的生命就像它们一样空虚。他坐着轮椅来到户外,看到远处的城区正掩映在落日的余晖中。他想那里有沸腾的生命活力,人们正在摇动着生活风帆向前航行。此刻,苏利文忽然想到自己的大脑很好用,也能够独立吃饭穿衣,甚至还能微笑。苏利文决心要成为他们中的一员,"我也要做一个完整的人,我要工作"。苏利文此时对自己说道,"受伤前我有十亿个机会,而现在我还有五亿个。我绝不能认命"。

从那以后,苏利文广泛涉猎知识,勇于挑战生活。他不但学会了驾驶飞机,而且还教会了另外20位残疾人飞行。由于温哥华的华人超过三分之一,在加拿大土生土长的苏利文还学会了中国广东话,这在他以后的竞选中收效奇特。苏利文一讲广东话,就会得到华人的掌声和鼓励。市长选举中,华人几乎把选票都投给了苏利文。最终,萨姆·苏利文凭借自己的努力改变了命运,当上了温哥华市市长。

其实,没有一个人的命运会一路平坦,每个人的一生都会面临许多无法逃避的困境。作为一名员工,你在工作中一定会遇到许多无法逃避的困境,但这些困境并不能掌握你的命运,只要你能像萨姆·苏利文一样不向命运低头,勇敢地与命运战争,你同样可以将命运牢牢地握在自己手中。

"我的家庭条件不好、我没有很高的学历、我没有别人聪明",这是许多向命运低头的员工经常为自己找的借口,在他们看来,这些所谓的不利因素都是不可逾越的大山,自己永远不可能战胜它们。事实上,这些员工的观点是错误的,从下面这个例子中我们能清楚地得知,这些所谓的不利因素并不能掌握一个人的命运。

很多年前,在美国有一个贫困的小女孩。她8岁的时候随妈妈迁居到了堪萨斯城,为了支付学费,母亲让她在修道院干活,她每天放学后都要打扫14间屋子,给25个孩子做菜,洗盘子。她非常的热爱舞蹈,就算是工作的时候她也可以快乐地起舞。

在修道院工作了6年之后,她决心要去接受更好的教育。

于是就到了密苏里州的斯蒂芬女子学校注了册。但是那个时候她的手中没有一分钱,连穿的衣服都是别人穿过不要的旧衣服。为此,老师让她在学校的餐厅做侍者这样就可以免掉她食宿的费用。那时她最大的愿望就是做一个舞女。在一次业余舞蹈比赛中,她赢得了冠军。所以当一个露天剧团愿意给她20美元一个星期的报酬让她去跳舞时,她毫不犹豫的答应了。她觉得自己的双脚已经迈到了天堂的门口。然而在两个星期后,这个剧团倒闭了,连薪水都没有发给她,她被困在了异乡。

这样的挫折并没有摧毁她走上舞台的决心。她在一家小酒馆找到了一份跳舞的工作,后来辗转到了纽约,之后在一个米高梅公司的星探举荐下,到电影公司试镜。由于长得太胖而没有过多上荧屏的机会,只做了临时演员。此时,她认识到自己的许多不足,在工作之余努力地学习英文和法文并减肥。在工作当中她也非常的敬业。有一次她在一部影片中跳土风舞,不小心扭伤了踝关节。为了不被导演取消她的角色,只让医生包扎了一下,并继续演下去。正是由于她的这种敬业,让她的演艺之路越走越宽广。之后,她成为好莱坞的最美的女星之一,她就是琼·克劳馥。

从琼·克劳馥身上我们可以看到,她遇到了很多能够左右一个人命运的困境,但这些困境真的左右了她的命运了吗?答案很明显,这些无法逃避的困境并没有左右琼·克劳馥的命运,她通过自己的不懈努力,最终战胜了这些困境,改变了自己的命运。由此可见,出身不好,能力欠缺并不能注定一个员工的命运,命运完全掌握在自己手中,只要你不向这些困境低头,并通过不断努力提升自己,壮大自己,你就可以改变这些不利的困境,使自己的命运变得光明而充满希望。

虽然优秀员工分布在不同的领域,但所有的优秀员工却有一种不谋而合的共识,那就是自己的命运并不由天,而是完完全全、真真切切地掌握在自己手中。只要自己不放弃,永远充满积极向上的斗志,勇敢地与命运中无法逃避的困境进行抗争,那么自己的命运就可以完全由自己掌握。

2

天生我才必有用，相信自己一定能行

"天生我才必有用"，这句话说得很有道理，因为在这个世界上没有两个完全一样的人，每个人都是独一无二的，都是不可替代的，每一个人都有自己的长处，都有其存在的价值。许多员工就是因为深信"天生我才必有用"的道理，所以他们无论遇到任何困难都信心满满，相信自己一定能战胜困难，相信自己一定成功。正是因为这种自信，让他们战胜了诸多别人无法战胜的困难和挫折，取得了别人无法触及的工作成绩，成为备受老板重视的优秀员工。

一个乞丐站在地铁出口卖钥匙链，一名商人路过，向乞丐面前的杯子里投入几枚硬币，匆匆而去。

过了一会儿后，商人回来取钥匙链，说："对不起，我忘了拿钥匙链，因为你我毕竟都是商人。"

几年后，这位商人参加一次高级酒会，遇见了一位衣冠楚楚的老板向他敬酒致谢，并告知说："我就是当初卖钥匙链的那位乞丐，全都是因为你当初对我说的那句话，我才有今天的成就，谢谢你让我拥有了成功的最重要法宝——自信。"

就是这么一个任何人看来都不会有出头之日的乞丐，却同样凭借"天生我才必有用"的自信，改变了自己的命运，脱胎换骨，成为了一个成功人士。由此可见，无论是一个乞丐还是一个英明的领导，都有他们独一无二，无可替代的长处和优势，只要相信天生我才必有用，相信自己一定行，那么任何人都能获得成功，都能有一番大作为。对一名员工来说也一样，就算你是一个能力欠缺、学历不高、工作经验不足的普通员工，只要你对自己充满信心，相信自己一定能行，那么你就一定有成为优秀员工的一天。

但不幸的是,企业中仍然有许多员工没有认识到只有对自己充满信心,才能让自己获得成功的道理。他们在遇到失败和挫折后,总习惯性地认为自己的潜质不够,自己永远不可能获得成功。在这种自卑的心理下,他们永远做不出令老板满意的工作成绩,更不敢去尝试创新,长期处于一种混混度日,萎靡不振的状态,最终只能落得被企业淘汰的结局。其实,这些员工之所以不能成功,不是因为他们没有实现成功的潜能,而是因为他们缺少了一个获得成功的重要条件,就是自信。他们没有发现自己的潜能,没有看到自己身上的亮点,总是活在自卑的阴影中,殊不知,正是因为这种自卑心理,让他们亲手埋葬了自己获得成功的机会。

微软亚洲研究院的主任研究员周明,小时候在"学生劳动"中刷了108个瓶子,打破了纪录,也正是从这件事中,他找到了自信,从而凭借这种自信鼓舞着自己,一步步地走到了今天的职位。周明曾就此事说道:"我原来一直是没有自信心的,但是这件事给了我自信。这是我一生中最快乐的经验,散发着一种迷人的力量,一直持续到今天。我发现了天才的全部秘密,其实只有6个字:不要小看自己。"其实不止周明一人,许多鼎鼎有名的成功者,都是因为足够的自信而获得的成功,李开复就是一个典型代表。

李开复11岁刚到美国时,课堂上很难听懂老师所讲的内容,有一次老师问:"1/7换算成小数等于几?"他虽然不能完全理解老师的意思,但认得黑板上的"1/7",以前背过的,就立刻举手并正确回答了这个问题。老师很高兴,送他去参加竞赛,同学也对他抱以很大的支持。就是因为这件事,李开复找到了自信,并发现了自己有数学的天分,他始终认为,是自信给了他发挥长处、弥补劣势的动力。

李开复后来一直干到谷歌中国区的总裁,事业越来越辉煌。但我们试想一下,如果没有从小时候就培养起来的"天生我材必有用"的自信,他可能肯本获得不了今天的成就。

每一名优秀员工都是"天生我材必有用"的深信者。他们从来不会因为自己的某些不足和失败而感到自卑,因为他们知道,人无完人,任何人都会有优缺点,只要对自己充满信心,相信自己是不可替代的,相信自己一定能行,那么自己就一定能获得成功。

3

只有自强不息才能不断提升自己

　　"在家靠父母,出门靠朋友。""靠山吃山,靠水吃水。"这是许多人总喜欢说的话。确实,靠别人可以让一个人轻松地获得成功。但如果有一天,父母老了、朋友走了、山吃空了、水喝完了,会是一副什么样子呢?没错,许多事例都可以证明,总是依靠别人的人虽然能成功一时,但绝不会成功一世,迟早会有失败和被淘汰的一天。

　　在职场中,许多员工不明白只有自强不息才是不断提升自己,不断获得成功的硬道理。他们总是抱着浑水摸鱼的思想和侥幸心理,指望依靠别人的力量来让自己提高工作成绩,让自己获得成功;有的本身没有真才实学,凭借某些关系进入了企业,在进入了企业之后,他们所想的并不是自强不息,靠提升自己的能力来做出好的成绩,来获得成功,而是将自己的成功建立在别人努力的基础上,甚至靠夺取别人的工作成绩来使自己获得成功。这些总是靠别人来做出优秀工作成绩的员工,就算他们再有能力,再有关系,也永远不会得到老板的重用,甚至不会在企业中待得长久,迟早会有被企业和老板淘汰的一天。一个真正的优秀员工从来不会依赖别人获得成功,因为他们深知,要想做出好的工作成绩,要想赢得老板的器重,只有自强不息,靠自己的努力不断提升自己,不断强大自己,自强不息才是让自己长久立于不败之地的重要法则。

著名教育家陶行知曾经说过:"滴自己的汗,吃自己的饭。自己的事,自己干。靠天,靠地,靠祖上,不算是好汉!"不错,一个总是靠家人、靠朋友的人永远不可能有一番大作为,永远不可能成为一个真正成功的人;一个总是靠同事、靠领导、靠关系的员工永远不可能成为真正的有能力的员工,永远不能成为为企业独当一面,备受企业重用的人才。

1982 年,从福州大学材料系毕业的陈文哲留校当了一名老师,主攻材料科研工作。2003 年底,陈文哲与同事了解到目前我国钢化玻璃的生产设备仍面临没有自主知识产权,每年用于进口设备的费用都超过数亿元人民币,陈文哲心里很清楚,汽车全都使用钢化玻璃,因为钢化玻璃强度高,不易破碎,受到撞击时只裂不碎,或者碎粒不碎片。这样才能保证安全。然而由于汽车钢化玻璃制造中对几何精度、安全性能、机械强度等要求很高,而我国的生产实力还不能满足这些标准,生产钢化玻璃的核心装备——汽车玻璃钢化风栅成型器仍然需要进口。面对这种状况,陈文哲和他的团队深知总是依靠别人自己永远不可能得到提高,永远不会变的强大这个道理,因此,他们决定一定要通过自己的努力解决这个难题。

说做就做。很快,陈文哲和他的科研团队,以福建省模具技术开发基地为基础,联合福建宏达模具塑料厂开始了风栅成型器的研究与开发。但是,自主研发谈何容易。即便在全世界,也只有法国、美国等四家企业掌握了风栅成型器的模具技术。况且陈文哲既要忙着行政和教学事务,又要带领科研团队往来于实验室和工厂,因此,他在研究的过程中遇到了许多意想不到的困难,头发也在一夜之间白了很多。然而,在诸多的困难面前,陈文哲和他的科研团队并没有放弃,他们反复测试、不断修正思路,一次次失败,一次次再来。最终,陈文哲和他的团队终于成功了,他们采用降维和组合的思路,终于解决了风栅成型器模具中异性曲面加工制造的问题,并于 2006 年 12 月申请了国家专利。此后,陈文哲和他的科研团队的研究成果成功运用于福耀玻璃工业有限公司,生产钢化玻璃的风栅成型器全部代替了进口产品,至今已新增产值2.34亿元,而且生产钢化玻璃的设备每套成本也降到了只有进口的三分之一。

对于许多老板来说,陈文哲是一个给他们带来无尽财富的恩人,是他们心中最想委以重任的员工。然而,陈文哲之所以能获得这么大的成功,原因很明显,正是源于他始终坚信只有自强不息才能不断提升自己的工作态度。

在当今职场中,真才实学才是一个员工能够做出优异工作成绩,得到老板的认可和器重的根本条件。一个员工要想提升自己的能力,总是依靠别人是永远不可能做到的,因为没有一个人能帮助你提升能力,能帮助你的只有你自己,只有你坚持认真地工作,并且在工作中不断学习,不断向有能力的员工求教才能真正的提升自己的能力,才能真正地获得成功。

1962年,在组织安排下,16岁的江宝全来到一个供销社做了一名学徒。当时的江宝全,又瘦又小,一无所有,但他坚信靠别人不如靠自己,只有自己强大才是真的强大。凭着这个信念,江宝全认真工作,而且做的很出色,同时在工作之余,他还坚持自学,参加补习班,不断提升自己的能力。

1964年,18岁的江宝全被调入江宁县化肥厂工作。他凭借自强不息的信念,通过自己的努力一步步地高声,从最基层的工人到宣传、秘书、政工科长,直至最后坐上了劳动服务公司经理的位置。在这个奋斗的过程中,江宝全练就了很强的实际工作能力,并且钻研出一套独特而科学的管理模式。

然而,江宝全的努力换回的回报还不止如此。当时,江宁化肥厂的职工食堂是个"老大难",不仅亏损大,伙食又办不好,几任领导都解决不了问题。江宝全来后,他不慌不忙,把食堂一分为二,职工们各持不同的饭票自由选择就餐。结果立竿见影,解决了问题。国家劳动部正式推广其经验。县委得知此事后,做了一项重要决定,派能力出众的江宝全出任江宁县金箔厂厂长。江宝全正是许多优秀员工的代表。而优秀员工也正和江宝全一样,他们从不把成功的希望寄托在别人身上,而是始终坚信只有自强不息才能不断提升自己,才能让自己真正走向成功。正是这种自强不息的精神,让他们工作中勤奋好学,不耻下问,一点点地提升自己的能力,最终凭借真才实学登上了成功者的殿堂。

4

拿出业绩,只有业绩才能证明自己的价值

我们常会听到某些员工这样说:"没有功劳也有苦劳。"他们总是认为,只要自己努力工作,爱岗敬业,忠诚于企业,就一定会能到高薪水,就一定会得到老板的重用。从道德层次上来看,他们的看法确实没错,一个勤奋敬业,忠诚于企业的员工里所应当拿到高工资,得到老板的重用。但如果从一个企业和一个老板的角度来看待这件事的话,要想让企业得到长远的发展,就必须不断创造效益,而企业的效益是与每一个员工的工作业绩息息相关的。每一家企业和每一个老板虽然都很重视忠诚敬业的员工,但他们更需要能创造效益的员工,如果一个员工只懂得敬业,只懂得忠诚,而永远做不出业绩,他们也会忍痛割爱,将这个员工舍弃,而留下那些业绩突出的员工。

一位农民种了2亩地的西瓜,长势不错,眼看就丰收了,一阵冰雹袭来,将满地的西瓜砸得稀里哗啦,几乎找不到一个完整的瓜了。老农正在伤心,突然眼睛一亮:他竟发现,在一个没有倒塌的木架下面还有一个完整的大西瓜!这位老农高兴坏了,带着这个大西瓜到了市场上,标价1000元,少一块钱也不买,很多人都笑话他:"你这个西瓜怎么这么贵呀!别人的西瓜比你这个好，才1元钱一斤?"！老农说："当然了，别人的西瓜没有挨冰雹砸，丰收了，当然卖得便宜，我的满地西瓜都被冰雹砸没有了，就剩这一个西瓜，我这是多么辛苦而不幸呀，只能卖这么贵才能弥补我的损失和辛苦!"

也许看到这里，不少人都会不由自主地笑起来——哪有这样的道理呢？市场经济是绝对不能有这样的逻辑的。但是，有许多员工就是因为抱着和这个农民的一样的"没有功劳也有苦劳"的思想，所以无论他们工作多么努力，多么敬业也不会拿到高薪水，不会得到老板的重用。他们不知道，企业是一个以实现经济利益为主要目标的经营实体，必须凭借足够稳固的利润才能不断发展壮大，才能给员工开工资；老板给一个员工升职的标准，并不是看他付出了多么努力的辛苦，而是看他给企业带来了多大的效益。

惠普全球副总裁兼中国区总裁孙振耀13年前从台湾来到大陆，当时只是一个小小的部门经理，在随后的职业生涯中，惠普换了四任CEO，而他则连升四级，不仅稳做中国区最高领导的位子，而且前面加上了"全球副总裁"的头衔。当年，CEO卡莉力主并购康柏的时候，孙振耀是积极行动的马前卒，成为中国区总裁，当卡莉下台、马克上台成为新CEO的时候，许多人都想：你孙振耀是卡莉的红人，都说一朝天子一朝臣，这会要完了吧！可是，让很多人惊异的是，马克上台不久，孙振耀成了全球副总裁兼中国区总裁。当记者问及"您为何官运亨通"的时候，孙振耀露出了平淡的微笑说："在我的领导下，中国区的业绩连续两位数增长，是全球惠普增长最快的地区，您说，哪位老板不喜欢我这样的打工仔呢?"然后，他说了这样一段话："不管领导怎么喜欢我，如果我不能创造良好的业绩，走人的肯定是我!"

孙振耀说得很对，一个工作再努力，能力再突出，老板再喜欢的员工，也只有创造优异的工作成绩才能受到重用，如果你没有为公司带来效益，就算你是天才也没有哪个老板愿意用你。现为Autodesk全球副总裁兼大中华区总裁的高群耀曾经说道："最好的经理人是拿结果说话的人，数字决定一切，我们是以功劳算数而不是以苦劳算数的人。"无独有偶，华为的总裁任正非直截了当地用通俗语言对他的中层说："不打粮食的干部要下台！"他要求所有中层干部都要签订个人绩效承诺书。公司每年初根据上半年实际完成的各项指标制订新一年的工作指标，个人根据公司指标的分解情况，对完成自己负责的部门计划指标立"军令状"，承诺内容根据目标的高低，分为持平、达标、挑战三个等级，一个财政年度结束后，公司会根据该名干部目标的实际完成情况进行评估。这个责任评估将直接影响该干部的任用。

按常理工作努力的人没有功劳，也有苦劳，应该得到嘉奖或加薪的鼓励。但企业更看重的是员工为企业创造了多少价值，因为在当今竞争激烈的社会环境中，一个企业只有持续创造价值才能生存；每个老板只有以业绩为标准评价员工的绩效，才能够建立一个高贡献、高绩效、高报酬的有效率组织，才能让企业不断发展壮大。因此，每个员工要想证明自己的价值，就必须努力做出业绩来，只有业绩才能证明你的工作能力，充分体现你的个人价值，才能让你得到老板的重用。

优秀员工从来不会抱怨为什么拿不到高工资，为什么得不到重用。因为他们心里很清楚，抱怨是最无效的改变自己的办法，要想拿到高工资，要想得到老板的重用，只有靠自己的努力学习和勤奋钻研，不断提升自己的工作能力，创造出优异的工作成绩，这才是让自己拿到高工资，得到重用的"杀手锏"。

5

比拼能力要善于扬长避短

一位著名的成功学家曾经对许多成功人士的成功经历进行了研究，研究结果表明，虽然这些成功人士获得成功的途径不尽相同，但他们却拥有一个共同点,就是扬长避短,充分发挥自己的优势。确实,对一个员工来说,你只能通过你的能力获得成功,你的能力越高,你获得成功的几率就会越大,而扬长避短,充分发挥自己的优势是让你够迅速提升能力的关键所在,能让你在激烈的职场竞争中长盛不衰。

许多员工之所以没有过人的能力,永远成为不了受老板器重的员工,不是因为他们没有成为优秀员工的潜力,而是他们的努力方向发生了问题,他们总是力争做到一个各方面都很优秀的人。因此,他们把大部门精力都放在了弥补自身不足上,都耗费在自己的劣势上,根本没有任何精力在发掘和发挥自己的优势。而一个拥有过人能力的优秀员工则深知,如果想做到面面俱到、样样优秀需要耗费的时间和精力是很巨大的,而且往往取得不了很好的效果。如果能把精力集中到自己的优势上,并充分挖掘和发挥自己的优势,一定能成为某一领域很有能力的人。

综观古今,我们可以发现许多成功者都是根据自己的长处来确定自己的人生方向,对自己的弱点和短处设法避开,从而如最终实现了成功。

我国著名数学家陈景润最开始是一个教师,但由于语言方面不流利,所以一直没有一番大的作为,但他后来发现自给虽然不擅长教学,但是却擅长科研,于是他离开了教学岗位,主攻数学科研,最终成为一名著名的数学家。

其实,每一个员工都有自己的长处和优势,只要能看清自己的优势,扬长避短,充分发挥自己的优势,那么任何人都能成为一个有能力的员工。

乔治毕业于法国一所著名的工程学院,毕业后,他毫不费力地找到了一份专业对口的工作。但是,几年后,他越干越力不从心。乔治深知自己为什么会这样,因为当工程师需要一种严肃而自律的精神。但是,自己恰恰缺少这种精神。与此相反,自己的性格外向,又特别喜欢四处活动,根本不适合工程师这种工作。想到这里,乔治越来越苦闷,他的工作的积极性也自此一落千丈,更加做不出好的工作成绩。终于,在一次经济大萧条中,乔治被开除了,成为一名失业者。辞职在家思索了一段时间后,

　　乔治觉得自己再不能找工程师这样的自己不适合的工作了,他准备寻找一份适合自己的工作。抱着试试看的心态,乔治进入了一家工程销售公司,负责产品销售。但正是这一次的转变,让乔治的人生从此发生了改变,他性格外向,善于沟通的特长在销售的岗位上得到了淋漓尽致的发挥。不到两年,他成为一名颇有成就的职业经理人。

　　乔治的成功正是源于他立足自己最擅长的优势,最大限度地将自己的优势发挥得淋漓尽致,才取得了超越别人的成绩。

　　在当今社会,许多人正是因为选择了和自己的性格格格不入的职业,所以一直无法在自己的工作领域中有所建树。百度总裁李彦宏说道:"有的人善于与人沟通,那就应该朝自己擅长的方向努力,这样他也许未来就可以成为一名很好的销售人员。而有些人的性格则是那种比较内敛的,那么他适合去做一名技术工程师,我就是这样才获得成功的。"确实,很多时候,一个人只有选择了适合自己性格的职业,才能对工作更有兴趣,才能扬长避短,充分发挥自己的优势,成为一个能力突出的优秀员工。

　　有一句话说得好:"上帝为你关上一扇门的同时一定会给你打开另一扇门。"每个人都有自己的劣势,但也都有自己的优势,只要能看清自己的优势,扬长避短,那么每个人都能成为一个有能力的人,都能获得成功。优秀员工是如何拥有高超的能力,其实并没有我们想象的那样匪夷所思,他们正是因为看清了自己身上的亮点和优势,所以聪明地采取有效的措施,扬长避短,充分发挥自己的优势,才成为了一名有能力的,深受老板重用的员工。

6

不断学习，时刻提醒自己变得更强

　　不断学习永远是一个人不断进步、不断成功的唯一秘诀。所谓"百尺竿头、更进一步。"大凡那些成就卓著的成功人士，都是不断学习、不断进步的典范。譬如文坛泰斗巴金，上世纪 30 年代已是著名作家，到 80 年代仍然笔耕不辍，终于完成"一部说真话的大书"——《随想录》；"亚洲飞人"刘翔夺得 110 米栏奥运冠军，成为世人瞩目的英雄，却将下一个目标锁定在打破世界纪录上；"水稻之父"袁隆平获得国际国内无数荣誉，仍在水稻研究方面孜孜追求。这些成功者的事迹正充分说明了一点，无论一个人已经取得了多大的成就，获得了多大的成功，但他如果想永远获得成功，就必须要坚持不断学习，因为只有不断学习才能让一个人变得越来越强。

　　在当今这个竞争激烈的社会，一个员工要想保持长久的竞争力，就必须坚持不断学习，时刻提醒自己要变得更强。如果一个员工不能做到不断学习，不断提升自己的工作能力，那么等待他的只有降职、降薪、甚至被企业淘汰出局。只有不断学习，不断提升能力才是一个员工在企业中长久立足的根本，才能让一个员工不断做出更好的工作成绩，越来越受到老板的重视。

　　尹强出身在一个贫苦的农民家庭，自幼就深知自己不能依靠别人，只能依靠自己的努力才能闯出一片天地。大学毕业后，他凭借优异的成绩顺利进入了一家大公司。

　　刚进入企业的第一天，尹强就暗暗告诫自己，命运掌握在自己手中，从现在开始，努力学习，勤奋工作。正所谓有志者事竟成。果然，功夫不负有心人，仅仅在一年多的时间内，尹强就凭借自己努力，熟练掌握了工作技巧，而且还屡次创造出了惊人的

工作业绩。在进入公司的第二年，尹强被提拔为了项目经理，

在当上了项目经理后，尹强非常高兴，他觉得自己的努力终于得到了回报，自己的人生也必将从此发生巨大的改变。在骄人的成绩面前，尹强不知不觉地忘记了最初的信念，慢慢变得懒散和不思进取，他不再私下里学习了，更不再向别的员工请教问题，满足于自己曾经取得的荣耀中不能自拔。

这天，尹强刚到公司，总经理就急冲冲地来到他的身边："公司刚接了一个工程，这个工程和之前做的所有工程都不一样，但我相信你的实力，你肯定能很好地完成这个项目，这两天加加班，争取尽快做出一份详细的计划书，这份工程催的紧，后天合作方就要计划书，我就全靠你了。"在尹强还没有反应过来之前，总经理已经急冲冲地离开了。

看着手中的一些关于工程的零碎资料，尹强隐约记得前几天和一个客户聊天的时候聊起过相似类型的工程，但由于当时没有详细询问和请教，更没有对此类工程做过详细研究，认为以后也不见得碰得上，所以就忽略了。现在想起来，真是后悔莫及，为什么自己没有像当初那样不断学习，不断进取呢？

事后的两天内，尹强尽管翻阅了很多资料和询问了以前的那个客户，但仍然没有搞清楚这个工程到底应该怎么做，他急的不知所措起来。这天，交计划书的时间到了，总经理来到了尹强的办公室，很有把握地对他说："怎么样，计划书搞定了吧？快给我吧，我正好约了那个合作方的领导，一会儿可以直接给他。"此时的尹强不知道该说什么好了，憋了半天终于吞吞吐吐地说道："对不起，我没有做出来。"总经理听了尹强这样的回答脸上一惊，但他没说什么，径直走了出去。

第二天，总经理把尹强叫到了自己的办公室，语重心长地说道："本来我很看好你的，你也确实很有工作能力，但你却因为工作上取的一些成绩后就开始不思进取，能力再也没有提高。你自己想一想，一个忘记了不断进取的员工，能够在当今这个竞争

激烈的社会中长久生存下去吗？能够长期为企业带来效益吗？"听着总经理这样的话，尹强无言以对，惭愧地低下了头。

当天下午，公司的布告栏里贴出了一则开除员工的告示，开除者的名字叫尹强，所有员工看到之后都很惊讶。

因为取得了一些成绩就开始沾沾自喜甚至居功自傲，忘记了学习，忘记了进取，最终只会亲手葬送原本可以很美好的前程。

在工作中，许多员工总是喜欢这样抱怨"一天的工作已经很累了，谁还有时间去学习呀！休息还休息不过来呢！"其实，这样的态度正是阻碍他们变得强大，变得优秀的"拦路虎"。一个优秀的员工，从来不会因为时间的问题而放弃学习，他们总是想方设法去学习，总是挤出时间去学习，而且不但在工作之余的时间努力学习，在工作中他们也都勤于发现，勤于钻研，勤于向其他员工取经。

优秀员工是企业"百尺竿头，更进一步"的忠实的执行者，他们总是告诫自己无论是在默默无闻还是取得一些成绩后，都不应该停下不断学习的脚步。因为只有不断学习，不断提升自己的能力，才能使自己变得越来越强，才能使自己从众多的员工中胜出，成为企业和老板备加珍惜的有用之才。

第四章　深深懂得有付出才有回报

　　优秀员工深信只要付出就一定会有回报。优秀员工总是把勤奋当成自己的座右铭，知道没有勤奋就不会有成功，只有脚踏实地，勤勤恳恳才是走向成功的捷径，他们从不觉得自己的付出会付诸东流，相信天道酬勤，付出多少就一定会得到多少回报，付出的越多得到的回报也就越多。因此，他们从不在乎多做一点，多干一会儿，因为他们比谁都明白，付出一定有回报。

1

只有勤奋才是成功的必经之路

　　我国数学家陈景润在证明"哥德巴赫猜想"的时候，总是日复一日，年复一年的沉浸在研究中，经常到了废寝忘食的地步；法国作家福楼拜，他总是通宵达旦地写作，由于他住的房子的窗口面对塞纳河，以至于夜间航船的人们常把它当作航标灯；莫泊桑从 20 岁才开始写作，用了 10 年的时间才写出第一篇短篇小说《羊脂球》，在他的房间里，写作的草稿纸足足摞到了书桌那么高。以上是几个成功人士生活中的点滴，但我们却能清晰地看出他们的成功轨迹，他们并不是靠什么先天的优越条件和聪明才智，他们走向成功的根源只在两个字——勤奋。

　　在当今，许多员工总习惯于把导致自己不能成功的原因归结为出身不好、知识不足、能力欠缺……确实，这些因素对一个员工能否获得成功会起到一定影响，但有一句话不是这样说，"勤能补拙"，只要一个员工拥有勤奋，那么他就可以弥补以上的所有不足，进而走向成功者的殿堂。通过下面两个小故事，也许我们更能明白只有勤奋才是一个人获得成功的必经之路。

　　第一个故事：

　　　　在一般人的眼里，汉夫雷·戴维肯定算不上命运的宠儿。由于出身贫寒，他接受教育和获得科学知识的机会都很有限。然而，他是一个有着真正勤奋刻苦精神的小伙子。当他在药店工作时，他甚至把旧的平底锅、烧水壶和各种各样的瓶子都用来做实验，锲而不舍地追求着科学和真理。后来，他以电化学创始人的身份出任英国皇家学会的会长。

第二个故事：

霍金8岁的时候，他的父亲弗兰克把他送到教学质量相当出色的私立学校圣奥本斯读书。在圣奥本斯，霍金始终是一个勤奋用功的学生。尽管霍金看上去瘦弱而笨拙，性格有些怪癖，说起话来快而不清，结结巴巴，含含糊糊，但是他相当努力，最终以优异的成绩如愿地收到了牛津大学的录取通知书，并获得了奖学金。

1962年，20岁的霍金来到剑桥大学攻读博士学位，然而这时他被诊断出患上了肌萎缩性侧索硬化症，不久就全身瘫痪了。1985年，霍金又因肺炎进行了穿气管手术，此后，他完全不能说话，依靠安装在轮椅上的一个小对话机和语言合成器与人进行交谈；看书必须依赖一种翻书页的机器；读文献时需要请人将每一页都摊在大桌子上，然后他驱动轮椅如蚕吃桑叶般地逐页阅读。然而，霍金从未放弃过努力，正因为身体上有残疾，行动不便，所以他付出了比别人多很多的勤奋，最终取得了巨大的成就。

汉夫雷·戴维和霍金都不算是上帝的宠儿，而且与天才也相差甚远，但他们却通过不屈不挠的勤奋努力，弥补了自身的不足，最终走向了成功。我们常说人无完人，确实，每个员工都会有或多或少的不足，都会有阻碍其获得成功的缺陷，但只要能像汉夫雷·戴维和霍金一样，拥有足够的勤奋，即使是一个能力欠缺，学历不高、工作经验不足的普通员工，也能弥补这些所有的不足，最终走上通往成功之路。

爱迪生有一句名言："所谓天才，那都是假话，勤奋工作才是最实在的。"在我们的日常工作中，没有任何一个员工能不通过勤奋努力而轻易获得成功，无论是能力出众的优秀员工还是默默无闻的普通员工，勤奋都是他们获得成功的必经之路。没有勤奋，一个能力再强，工作再好的员工也很难获得成功，而拥有勤奋，就算是一个能力不足，工作普通的员工也能获得成功。

许振超是青岛港桥吊队一名普通的队长。1974年,只上了一年半初中的许振超在初次接触桥吊后,面对厚厚的一本一百多张的桥吊英文图纸,不知所措,但他并没有就此灰心丧气,他暗下决心:不会就学,绝不能趴下。他坚信,知识可以改变命运,岗位能够成就事业,自己也许这辈子当不了科学家,但可以练就一身绝活,做个能工巧匠,无愧于时代,无愧于港口的培养。

怀着这个理想,许振超开始刻苦学习,遇到实在不会的问题,他就虚心地向其他同事请教,并一字一句地记录在本子上,只要一有空余时间就反复钻研。下班回家后,他总是很晚才睡觉,几乎是一吃完饭就投入到学习当中。如今,许振超已经成为了一个专业知识突出的"工人专家",在他的带领下,他的团队连续创新装箱单船装卸作业效率的世界纪录,受到公司领导的高度赞扬。

许振超的成功经历充分说明,出身不好、能力不足、学历不高并不能阻碍一个员工获得成功,只要拥有勤奋,每个员工都能变得很优秀;都能获得成功。优秀员工就正是许振超这样的人,他们从来不会为自己的能力不足和知识欠缺感到自卑,并始终坚信,只要自己拥有勤奋,不断进取,不断提升自己的能力,一定能获得成功。

2

天道酬勤,努力就会有回报

有一首歌这样唱道"世间自有公道,付出总有回报。"确实,一个人不管是做什么,只要足够勤奋,肯努力、肯付出,就一定会得到回报。优秀员工就是因为对只要勤奋付出,就一定会得到回报的道理深信不疑,所以他们从来都不会抱怨得不到回报,而是坚持埋头苦干,勤奋付出,他们也正是因此得到了其他员工无法得到的高额回报。

"公司是老板的,再努力付出也是给老板赚钱,自己只能拿到那么一点微薄的工资,只有傻子才会去努力付出!"这是许多员工经常挂在嘴边的一句话。殊不知,他们之所以总是拿着那么点微薄的工资,正是因为没有认识到,只有努力工作,为企业创造收益才能得到老板的青睐,才能拿到高薪水。其实,在一个优秀员工的心里,只要勤奋努力,就一定会得到回报,而薪水仅仅是其中一种最简单明了的回报方式。

小海是吉林中心发行站一名普通的投递员。刚到报社应聘时,站长告诉小海投递员是一份很辛苦的工作,但只要你能坚持下来,每月都能有可观的收入。由于小海的爱人因病不能工作,全家的生活都靠他来维持,所以他觉得吃点苦不算什么,只要自己努力工作就一定会得到回报。

小海初入报业,没有工作经验,尽管每天都坚持下段道,走小区,可业绩都没有进展,第一个月,他只拿到了三百多元的工资,微薄的收入很难维持一家人的生活。但小海没有放弃,他坚信自己一定可以通过努力把工作做好。他是这样想的,更是这样做的。

冬天里的一天,小海推着自行车艰难的走到小区,可双手却已冻得没有了知觉,他本想找个地方休息一下,可想到订户都在等着看报,他最终放弃了休息,坚持把报纸在当天全部送到了订户手中。正是由于这次冒着严寒也坚持把报纸送到订户手中的举动,让小海在订户心中留下了一个良好的印象。

还有一次,小海因食物中毒,在医院抢救一夜才脱离危险,本来医生要小海住院半个月休养,但小海非常着急,只打了两天针就出院了,因为他知道全班员工的投递都很辛苦,还得帮自己投递,自己非常感谢他们。同时他也想到订户收到报纸的时间肯定比平时要晚些，不能因为自己一个人生病，而延误了一百多订户看报的时间，于是第三天他就上班了。小海这种高度认真负责的敬业精神，赢得了订户们的喜爱和信赖，他们开始不当小海是一名投递员，而是一个朋友，一个亲人。

赢得了订户的信任，小海日后的工作越来越得心应手，无论征订报纸、牛奶、回收旧报、还是多种经营，都得到了订户的大力支持，使他每月都能完成报社下达的各项任务，工资也由最开始的三百元涨到了一千多元，而且还连续四届在举行的发行活动中都获得了奖。

很多时候，一个员工勤奋工作得到的回报可能不是薪水，但一定会得到其他回报，就像小海一样，这些其他的回报往往比薪水更有价值。因此，不要因为没有得到薪水的提升而放弃努力工作，应该坚持自己的付出，更加努力地付出。努力付出即使没有金钱的回报，你也会得到许多比金钱对你来说更有意义的回报。

天道酬勤，只要努力就会有回报，这是职场中一个铁定不变的法则。那些不付出就想获得到回报的员工，不但获得不了回报，甚至没有一家公司和一个老板会雇佣。任何一家企业和一个老板都会永远器重勤奋进取的员工，因为他们深知，只有勤奋努力的员工才能给企业带来长久的利益，才能使企业长盛不衰。

优秀员工从来都不会停下勤奋工作的脚步，因为他们知道，要想拿到高薪水，得到老板的重用，只能用勤奋工作，努力付出去换取。他们很清楚回报从来不会无缘无故光顾自己，只有用勤奋努力才能打动回报，才能让回报心甘情愿地跟随自己。

3

坚决克服懒惰心理

我们先来看一个小故事：

有一个人死后见到阎王。阎王一查生死簿，发现有点不对头，便向土地公问道："此人应该是个富人，为何却穷死了？"土地神说："他命里是该有一千两白银，我早就把银两埋在他家田里了，等着他挖出来。谁知这么多年，他就是不肯深翻土地，所以我只好把银两转交给灶王爷安排了。"灶王爷一直站在帝边，还没有等阎王开口，灶王爷就赶紧呈上一个沉甸甸的包袱，说："此事我已办过，我将这一千两银子放在他的床下，想让他扫地时发现，哪里知道他根本就不扫床下。等我察觉时，他已经到您这儿报到了。"阎王叹口气说："富命不努力，与穷命又有什么区别？你们把这一千两银子给那些勤奋的人吧！"

如果故事中的这个人，去翻一下土，去扫一下床下的地，也就不会落下穷死这个后果了。一个懒惰的人，即使有致富的机会，他也不会得到。

可见懒惰对一个人的危害是致命的。一个生性懒惰的人，即使拥有先天的优越条件，即使成功的机遇来到他身边，他也一样看不到，只能看着机遇从身边悄悄地溜走，永远成为一个失败者。

在企业中有许多这样的员工，他们总觉得自己的工作单调、乏味、简单、普通、没有任何技术含量，这样的工作就算做一辈子也没有任何前途可言。因此，他们总是抱着破罐子破摔的态度去对待工作，把一些复杂的工作变得简单化，把一些简单的工作干脆省略掉，逐渐养成了一种不愿意动脑子，能少走一步就少走一步，能少动一下就少动一下，不被老板督促三遍就不去做的懒惰心理。殊不知，他们之所以没有前途，根本原因是他们的前途早就被懒惰的工作态度扼杀在了摇篮里。台湾美发业的领头羊——曼都公司董事长赖孝义在一次对青年的演讲时说："要成功，勤奋实干是最基本的功夫。而且一定要在工作上花比别人更多的时间，尤其是在给别人打工时。只有这样做，你才能为自己争取到更多的成功机会。许多人错失机会，是因为机会伪装了起来，扮成了'辛苦的工作'。关键是我们要去有意识地规避惰性，去激发自己的积极性。"

其实，懒惰每个人都有，它就像人困了要睡觉一样，是人的一种天性。那些最终获得成功的人，不是因为他们没有懒惰的心理，而是他们凭借自己的毅力战胜了懒惰的心理；而那些总是失败的人，是因为他们被舒适的懒惰所诱惑，变成了懒惰的奴隶。每个人都有懒惰心理，但只要你能克服这种懒惰心理，并战胜它，你就能成为一个勤劳的人，你就能获得成功。

在当今的许多大企业中，许多老板都非常喜欢勤奋刻苦的员工，虽然这些员工很多都才能一般，但仍然能得到老板的重用，他们的提升空间也很大。而工作懒惰的人，即使有出众的工作能力，往往也得不到老板的重用，更成为老板们极力要剔除的首选对象。因为这样的员工，不但自己做不好工作，还会把懒惰的工作习惯传染给其他员工。长此以往，企业的所有员工都会感染，养成懒惰的工作习惯，谁都不愿意主动去工作，谁都想不劳而获。而总是这样下去的话，企业必定会面临破产和倒闭的最终结局。

在我们的周围，还有一些这样的员工，他们原本工作并不懒惰，可以说是非常努力工作的一种人，但就在他们因为勤奋努力而取得工作上一些成绩，或者得到老板的夸奖后，他们的懒惰心理便悄悄地浮现了出来。自此以后，他们不再积极进取，不再勤奋努力工作，逐渐养成了懒惰的恶习。殊不知，正是因为懒惰的滋生，让他们之前取得的成就逐渐失去了曾经的光彩，让他们再不会取得任何成就。

造成一个人懒惰的原因有很多，但无论是什么原因，懒惰带给我们的最终结果都是一样的，就是永远的失败和毫无作为。有句名言这样说："生于忧患，死于安乐。"这里的安乐就是被舒适冲昏了头脑，变得懒惰的意思，而这里的忧患就是不断勤奋努力的意思。只有一个积极主动，勤奋工作的人才能在企业中生存,才能在工作岗位上做出一番成绩,而一个懒惰,总是需要督促才去做自己的工作,总是不付出就妄想得到收获和高回报的人,永远不可能做出什么惊人的工作成绩,永远得不到老板的重用。

斯马尔兹曾经说过这样一句话:"国家之前进在于人人勤奋、奋发、向上,正如国家之衰落由于人人懒惰、自私、堕落。"其实这句话形容企业和员工也未尝不可。一个企业的壮大在于企业中每个员工的勤奋、努力、不断进取,正如一个企业的衰落是由于员工的懒惰、懈怠、妄想不劳而获。一个企业真正需要的员工,一个老板真正想重用的员工,永远都是那些主动克服懒惰心理,勤奋努力工作的员工。优秀员工就是因为在工作中不断克服懒惰的心理,督促自己更加努力去工作,才成为一名对企业发展壮大必不可少的人才。

4

正确看待自己的付出

俗话说"种瓜得瓜,种豆得豆。"每一个人要想得到回报,就必须先付出,因为只有你种了什么,才会得到什么,只有先努力付出,才会得到后期的回报。因此,每个人都应该正确看待自己的付出,只有明白了先付出才会有回报的道理,才能得到心目中期待的回报。

有一个人在沙漠行走了两天,途中遇到暴风沙。一阵狂沙吹过之后,他已辨不清方向。正当快撑不住时,突然,他发现了一幢废弃的小屋,拖着疲惫的身子他走进了小屋。这是一间不通风的小屋子,里面堆着一些枯朽了的木材。他几近绝望地走到屋角,却意外地发现了一台抽水机。

他兴奋地上前汲水,但任凭他怎么抽水,也抽不出半滴来。他颓然坐地,却看见抽水机旁,有一个用软木塞堵住瓶口的小瓶子,瓶上贴了一张泛黄的纸条,纸条上写着:"你必须用水灌入抽水机才能引水!不要忘了,在你离开前,请再将水装满!"他拔开瓶塞,发现瓶子里果然装满了水。

他的内心此时开始交战着——如果自私点,只要将瓶子里的水喝掉,他就不会渴死,就能活着走出这间屋子!

如果照纸条做,把瓶子里唯一的水倒入抽水机内,万一水一去不回,他就会渴死在这地方了……到底要不要冒险?

最后,他决定把瓶子里唯一的水,全部灌入看起来破旧不堪的抽水机里,以颤抖的手汲水,水真的大量涌了出来!他喝足水后,把瓶子装满水,用软木塞封好,然后在原来那张纸条后面,再加上他一句话:"相信我,真的有用。在取得之前,要先学会付出。"

这个故事中的主人公正是因为深知,如果不先往抽水机里灌水就不可能涌出大量的水的道理,所以他才能顺利喝到足够的水,从而确保了自己在沙漠中能够生存下来。不先付出,哪会得到?优秀员工深深懂得这样的道理,因而他们坚信只有付出才有回报,并坚守这样的工作信念,所以从来不会在没有任何付出的情况下就向企业要求高工资,就要求老板重用自己,因为他们知道,只有努力工作,才能做出优异的工作成绩,才能得到老板的赏识和更高的回报。

然而,仍然有很大一部分员工没有优秀员工那么高的觉悟,他们总是把拿不到高薪和得不到升职的原因归结到企业和老板头上,认为老板很抠门,不是一个能识千里马的好伯乐。其实,导致这种结果的根本原因正是他们没有正确看到付出与回报的关系,"天下没有免费的午餐",他们在向企业和老板要求高回报的同时,应该首先问问自己到底有没有先做到了努力付出,付出了多少。因为没有任何一家企业和一个老板会平白无故给一个没有任何付出或者付出甚微的员工开出高工资,更不会提拔一个从不愿付出的员工。一个总是想不劳而获,没有做出任何付出就想拿到高薪水，就想得到老板重用的员工，永远不会梦想成真；只有一个能正确看待自己的付出，并在要求回报之前先努力付出的员工，才能成为手拿高薪水，头顶优秀员工光环的佼佼者。

张敏是乌鲁木齐市原糖酒公司下岗职工，家里有两个孩子，老大上大学，老二上高中，丈夫也下岗了。面对困难，他们并没有退缩，而是积极面对生活。2003年7月来到新疆新诚基饮服技工学校，参加了第一期的创业培训班。经过培训和学校老师的热心指导与帮助，于2003年年底开了一家"满口香八珍烤鸡店"。

"开始的确很难，不过新诚基培训班在筹集资金上给了我们很多帮助，但最重要的是在培训班，我们学到了创业的科学理论知识，这让我们少走了很多弯路。"

培训后，张敏和丈夫王晨把在培训班学到的知识运用在实践中。张敏说："我们就本着货真价实，热情服务的态度。开业的当月就赢利，在别人看来这是不可思议的，但我认为前期的培训给了我们很大的帮助。"

此后，张敏的烤鸡店不仅味道在新华南路出了名，更由于她的热情服务，店里来的顾客越来越多。

只有付出了才会有回报，只要努力付出了就一定会有回报。不劳而获不过是那些不想付出任何劳动的懒惰者编出的瞎话，千万不能信的。如果你相信，那你就一定会为自己的愚蠢付出代价。

有这样一个公司，因为一直没有什么竞争力，公司不断地招人，人才却又不断地流失，老板开始思考进行调整。公司招聘了一个业务主管，主管提出了很多切实可行的方案，老板原则上也同意了，但主管说，要改变现状，可能需要三个月以上的时间。老板当时也同意了，于是主管开始着手工作，招聘新的业务人员。由于公司没有竞争力，优秀的业务人员不愿意过来。业务主管提出给予高工资，每月1200元的底薪。这个工资高于新业务员一倍以上，在主管的号召下，一下子就来了三四个业务精英，但是到了月底，公司的业绩增长却不是很多。当面对需要发这么多的高工资时,老板与业务主管之间产生了矛盾,老板只同意支付他们普通员工一样的待遇。最后,这些人认为老板不讲诚信,全部离开了这个公司。而老板又开始招聘新的业务主管和业务员。

这个业务主管将这支队伍全部带到一个新公司,新公司老板魄力很大,给予他们更高的待遇,每个月还主动宴请这些业务精英好几次。经过两个月的发展,这个公司的业务量就比原来翻了近两倍,签单额提升了一倍,员工们都拿到了很多的工资,大家更卖力地为公司工作。于是行业内的业务员彼此介绍,都加入到这个公司,一些优秀的设计师也逐渐加入到这个公司当中。这个公司的优势就更加增长,业绩也越来越好,第二年就开了一个分公司,下半年又开了一个分公司。

一个总想不劳而获的员工虽然会给企业带来危害,但这种危害远远不如一个有此类心态的老板给企业带来的危害大,一个企业有这样的老板,注定不会兴旺发达。

综观当今社会,无论是哪一个优秀员工或者英明的老板,他们从来不会有不劳而获的想法,因为他们很清楚,没有付出就不可能得到回报。正是因为能正确地看待自己的付出,所以他们付出了比其他人更多的努力,也获得了比其他人更多的成功。

5

付出得越多,得到的回报也就越多

有一个比喻很恰当,"每一个员工就像一只小蜜蜂,你越是勤奋,就能采到越来越多的花蜜,就能酿出越多的蜂蜜"。只有懂得付出的员工才是企业真正需要的员工,才能在工作岗位上做出优秀的业绩,才能为企业做出突出贡献,也才能实现自己的价值、走向更大的成功。

我们经常能看到这样一种现象:三个人同时进入一家企业,一个人因为在工作中总是偷懒,而且还不能按时完成工,经常找借口提前下班,最终被公司辞退;一个人工作中不偷懒,按时按点下班,工作任务也能按时按量完成,最终被公司勉强留用,薪水平平;一个人工作勤奋努力,总是自愿地加班加点,而且还主动去做不是自己工作分内的事,最终前途无量。其实这种现象在职场中有很多,但反映出的问题却只有一个,一个不愿意付出的员工,最终只能毫无收获,被企业开除;一个付出平平的员工,虽然不会被公司开除,但也只能在温饱的阶段徘徊,永远不会得到重用;一个自觉自愿,高倍付出的员工,他的回报也一定是高额的。

华勒是一名被一支堪斯亚建筑队招聘进来的送水工。但在工作中华勒并不像其他送水工那样,把水桶搬进来之后,就一面抱怨工资太少,一面躺在墙角抽烟。相反,他热心地给每个工人倒满水,并在工人休息时缠住他们讲解关于建筑的各项工作。很快,这个勤奋好学的人引起了建筑队长的注意。两周后,华勒当上了计时员。

当上计时员的华勒依然勤勤恳恳地工作,他总是早上第一个来,晚上最后一个离开。由于他对所有建筑工作,比如打地基、垒砖、刷泥浆都非常熟悉,当建筑队的负责人不在时,工人们总喜欢问他。

一次,负责人看到华勒把旧的红色法兰绒撕开包在日光灯上,替代危险警示灯,以解决施工时没有足够红灯的困难,他决定让这个勤恳又能干的年轻人做自己的助理。之后,华勒通过自己的勤奋努力,一步步地成为了公司的副总。

华勒并不是一个才能高超的人,家庭条件也不是很好,而且还只是一名普通的送水工,但他却凭借自己的勤奋努力,凭借更多的付出,最终使自己变得强大,从而改变了老板对他的态度,对他委以重用,而他也因为自己的多付出,得到了应得的回报。

许多员工总是认为琐碎又简单的工作无论做多好都不可能得到更大的回报,其实不然,很多时候,简单的工作也蕴藏着高回报的机遇。

珍妮是一家公司的秘书。她的工作就是整理、撰写、打印一些材料。珍妮的工作单调而乏味,很多人都是这么认为的。

但珍妮自己倒不觉得,她觉得自己的工作很好,珍妮说:"检验工作的唯一标准就是你做得好不好,是否尽职尽责,不是别的。"

珍妮整天做着这些工作,做久了,她就发现公司的文件中存在很多问题,甚至公司在经营运作方面也存在着不足。

于是,珍妮除了每天必做的工作之外,她还细心地搜集一些资料,就连过期的资料也不放过。她把这些资料整理分类,然后进行分析,写出建议。为此,她还查询了很多有关经营方面的书籍。

最后,她把打印好的分析结果和有关证明资料一并交给了老板。老板起初并没有在意。一次偶然的机会,老板读到了珍妮的这份建议。这让老板非常吃惊:这个年轻的秘书,居然有这样缜密的心思,而且她的分析有理有据、细致入微。后来,珍妮建议中的很多内容都被公司采纳了。老板很欣慰,觉得有这样的员工是公司的骄傲,最终把珍妮提升为了部门经理。

优秀员工都拥有和珍妮一样的心态,他们无论从事什么工作都始终坚信,只要多付出,才会得到更多的回报。"精诚所至,金石为开",正是因为他们这种源源不断的付出,回报也不再吝啬,滚滚而来。

6

从不在乎多做一点

优秀员工之所以能够优秀，是因为他们不但努力做好自己的工作，就算是遇到不是自己职责范围内的事，他们也会自愿去做。正是有这种从不在乎多做一点的工作态度，让他们做工作变得更加敏捷，更加积极，更受老板重用。

对于任何一名员工来说，只要坚持"不在乎多做一点，愿意去多做一点"的工作态度，那么你便能从众多平凡的员工中脱颖而出，赢得老板的信任和其他员工的敬仰，才会获得更多让自己成功的机会。

卡洛·道尼斯最初为杜兰特工作时，职务很低，现在却已成为杜兰特先生的左膀右臂，担任其下属一家公司的总裁。

有一位记者曾经问卡洛·道尼斯是如何获得成功的，卡洛·道尼斯平静而简短地道对他说道："在为杜兰特先生工作之初，我就注意到，每天下班后，所有的人都回家了，杜兰特先生仍然会留在办公室里继续工作到很晚。因此，我决定下班后也留在办公室里。是的，的确没有人要求我这样做，但我认为自己应该留下来，在需要时为杜兰特先生提供一些帮助。

"工作时杜兰特先生经常找文件、打印材料，最初这些工作都是他自己亲自来做。很快，他就发现我随时在等待他的召唤，并且逐渐养成招呼我的习惯。"

杜兰特先生为什么会养成召唤道尼斯先生的习惯呢？因为道尼斯自动留在办公室，使杜兰特先生随时可以看到他，并且诚心诚意为他服务。这样做获得了报酬吗？没有。但是，他获得了更多的机会，使自己赢得老板的关注，最终获得了提升。

我们终于得知,原来卡洛·道尼斯的成功秘诀就是"从不在乎多做一点。"他的成功秘诀也正应了付出多少、得到多少、付出越多、得到越多这个铁定不变的成功法则。

在工作中,很多时候我们的付出似乎无法立刻得到相应的回报,但我们不应该气馁,应该一如既往地继续付出,并努力做到多付出,多做一点,那么回报可能会在不经意间,以出人意料的方式到来。

"50年前,我开始踏入社会谋生,在一家五金店找到了一份工作,每年才挣75美元。有一天,一位顾客买了一大批货物,有铲子、钳子、马鞍、盘子、水桶、箩筐,等等。这位顾客过几天就要结婚了,提前购买一些生活和劳动用具是当地的一种习俗。货物堆放在独轮车上,装了满满一车,骡子拉起来也有些吃力。送货并非我的职责,而完全是出于自愿——我为自己能运送如此沉重的货物而感到自豪。

"一开始一切都很顺利,但是,车轮一不小心陷进了一个不深不浅的泥潭里,使尽吃奶的劲都推不动。一位心地善良的商人驾着马车路过,用他的马拖起我的独轮车和货物,并且帮我将货物送到顾客家里。在向顾客交付货物时,我仔细清点货物的数目,一直到很晚才推着空车艰难地返回商店。我为自己的所作所为感到高兴,但是,老板却并没有因我的额外工作而称赞我。

"第二天,那位商人将我叫去,告诉我说,他发现我工作十分努力,热情很高,尤其注意到我卸货时清点物品数目的细心和专注。因此,他愿意为我提供一个年薪500美元的职位。我接受了这份工作,并且从此走上了致富之路。"

一目了然,这个成功人士正是因为从不在乎多做一点的工作态度,才让他在虽然没有得到老板给予的回报的状况下,却仍然能从其他途径得到实现成功的机遇,从而改变了自己原本贫穷的面貌,成为一个富有的人。对于一个懒惰的,从不愿意多付出,从不愿意多做一点的人来说,他失去的不仅仅是一个成功的机遇,而是无数个能让他改头换面的绝佳良机。1901年，美国历史上产生了第一个年薪百万美金的高级打工仔，他的名字叫施瓦伯，我们来看看他的成功经历。

施瓦伯出生在美国乡村，只受过很短的学校教育。15岁那年，家中一贫如洗的他就到一个山村做了马夫。三年后，他来到钢铁大王卡耐基所属的一个建筑工地打工。一踏进建筑工地，施瓦伯就抱定了要做同事中最优秀的人的决心。当其他人在抱怨工作辛苦、薪水低而怠工的时候，施瓦伯却默默地积累着工作经验，并自学建筑知识。那些懒惰的打工者中，有些人讽刺挖苦施瓦伯。对此，施瓦伯回答说："我不光是在为老板打工，更不单纯为了赚钱，我是在为自己的梦想打工，为自己的远大前途打工。我们只能在业绩中提升自己。我要使自己工作所产生的价值，远远超过所得的薪水，只有这样我才能得到重用，才能获得机遇！"

夏夜的一个晚上，在同伴们闲聊的时候，施瓦伯又像往常一样躲在角落里看书。正好被到工地检查工作的公司经理发现，经理看了看施瓦伯手中的书，又翻开了他的笔记本，什么也没说就走了。第二天，公司经理把施瓦伯叫到办公室，问："你学那些东西干什么？"施瓦伯说："我想我们公司并不缺少打工者，缺少的是既有工作经验、又有专业知识的技术人员或管理者，对吗？"经理点了点头。不久，施瓦伯就被升任为技师。后来，施瓦伯一步步升到了总工程师的职位上。25岁那年，施瓦伯又做了这家建筑公司的总经理。

在一次对普林斯顿大学学生的演讲中，施瓦伯讲述了自己的成功经历，他说道："要想成功，最最重要的莫过于将工作看作理所当然的事。如果你非要做个贪婪者的话，那就做个贪婪工作的人吧。我没听说过有人因超时工作而遭到厄运，却知道不少没有超时工作却命运多舛的例子。不幸有多种表现形式，比身体伤害严重得多的是在浑浑噩噩中让自己的头脑无情地枯萎，这将导致停滞不前和最终失败。在工作时间里不努力工作的人是不诚实的；而不情愿比这多做一点的人是愚蠢的。轻轻松松而报酬优厚的工作也已不复存在。在发挥相同的聪明才智的前提下,工作最多的人得到的报酬就会最多。"

原来成功者不光所见略同,他们的成功之路和成功秘诀也如出一辙,施瓦伯正是因为用和卡洛·道尼斯一样的"从不在乎多做一点"态度去对待工作,所以他同样获得了成功。

优秀员工就是因为看到了这条让许多人都获得成功的秘诀"从不在乎多做一点",所以他们除了做自己分内的工作以外,还心甘情愿地做许多不是自己分内的事,而这个秘诀也确实是一个带领人走向成功的法宝,真的帮助他们走向了成功。

7

不求回报地工作,为工作倾尽全力

有人做过一个测试,问那些大家所公认的"优秀员工":"为什么你们在自己的岗位那么努力,对不是分内的工作也愿意抢着干呢?"不可思议的是,这些优秀员工的答案竟然如出一辙"我从没想过要得到什么,即使在我不是优秀员工的时候,也是这么想的,认认真真工作,不是自己职责范围内的工作也要抢着去做,这是一个员工应该具备的基本素质。"确实,正是因为每个优秀员工都有不求回报的工作态度,才使得他们做起工作来没有任何负担,把工作完完全全看成是一件自己喜欢做的事,把多做一些事看成是一件自己愿意做的事;才使得他们在不经意间做出了更优秀的工作成绩,得到了更大的收获。

罗晶大学结业后,几次都与就业机会失之交臂。这天,他按照报纸上的信息,去了一家用人公司求职,没想到公司原定招聘

8名员工，前去报名的却有好几百人。当罗晶填好了表格，耐心列队等候公司头头面试时，有一位员工模样的人过来对他们说："我们的老总还有一个小时才会来这里。此刻我有点急事想请大家帮忙：库房到了几车水泥，眼看天要下雨了，我一时又找不到搬运工，我想请你们义务帮忙卸一卸水泥，好吗？"大家见他也是本公司的人，就想动身去帮忙卸水泥。可是，有的人发牢骚："卸水泥是工人的工作，我们没必要去替他卖苦力。"如许一来，一大半人都站着不动，罗晶却和另一小部分人走出人群，主动跟那个人去卸水泥。待水泥卸了一半多，那人又来说话了："诸位对不起，我们的老总刚才说了，他说今天来不了了，真是很抱歉。"这些正在卸水泥的大学生沉不住气了，有的说："这不是故意耍我们吗？不干了！"有的说："咱又不是他们公司的员工，让我干义务劳动，没门！"呼啦啦一下子又走了一大半。而罗晶等少量几个人却一直坚持到把水泥全部卸完。

当他们在水龙头下用手捧着水洗完脸之后，刚才那个请他们卸水泥的人笑眯眯的对他们说："恭喜你们，刚才是我预设的一场'特殊考试'，你们几个全部及格了，从此刻起，你们就是我们公司的正式职员了。"这几位通过了'特殊考试'的大学生这才明白：这位不起眼的'员工'正是他们的老总。

我们在工作中如果不想着为了得到什么回报，而是自觉自愿地为工作倾尽所有热情，那么成功也许就会在不经意间突然降临，这样的成功往往比那些期望得到的成功还要大，还要宏伟。而且很多时候，一个员工的成功机遇并不在他的本职工作中，而恰恰在那些不是本职工作的事情中隐藏着，如果这个员工除了在做好本职工作的同时，还积极主动，不求回报地做一些分外的工作，往往能得到许多意想不到的成功机遇。

有一家这样的公司，该公司业务的发展势头非常好，但公司的一线工人并不够。所以有时候遇到客户紧急要货的情况，老板就很头疼。但公司的规模不是很大，也不能贸然去招全职工人，因为这样成本会很高，等到旺季过去了，多余的人很不好处理。有赚钱的机会,而无力扩大生产,这对经营企业来说,是很被动,也是很可惜的。

张良在这家公司负责仓库管理,并不是销售人员。虽然老板没有要求,但他自发主动地晚上一个人去车间把机器打开,尽自己的努力,多生产一些产品,第二天赶紧给客户送过去。刚开始的时候,老板并不知道张良的所作所为,但时间久了,次数多了,老板终于发现了他的举动。

知道了这件事,老板非常高兴,他觉得张良是一个肯付出而不要求回报的好员工,与那些斤斤计较的员工很不一样。今后,有什么职位上的提升或发展机会,老板都会主动来征求张良的意见,张良在他眼里的地位越来越重。一年之后,张良被老板提升为销售部经理。

张良的成功法则正是每一个优秀员工的成功法则,这个法则就是他们从来都是怀着一种不求回报的心态去做工作,自觉自愿地去做一些分外的工作,所以他们才取得了许多别人根本触及不到的成功,使他们在老板心中的地位越来越重,越来越必不可少。

第五章 永远奉行主动踏实的工作作风

优秀员工永远奉行主动踏实的工作作风。他们深深懂得，天上不会掉馅饼，机会不会主动落到自己手里，只有主动争取才能抓住机遇。因此，他们无时不刻都在工作中保持积极主动的心态，无论从事工作的贵贱，他们都会把每一份工作看成一个能让自己成功的机会，投入百分百的精力和热情，一步一个脚印，用顽强的耐心和脚踏实地的工作方法向着自己的理想奋勇前进。

1

积极主动是优秀员工奉行的工作作风

曾经有一家著名的大公司老板这样说道:"我们企业工作中的任何一件事情都可以改进,都有可能做到最好。新的技术、新的产品、新的工作方法和技巧是任何一个不断发展的大企业所迫切需要的,我们的这些创新需要靠积极主动的员工来推动,只有这样的员工才能肩负起企业发展的重任。"可见,一个积极主动的员工才是企业真正需要的员工,只有积极主动的去做事的员工才能做出优异的工作成绩,才能得到老板的重用。

《致加西亚的信》中有这样一段话:"我钦佩的是那些不论老板是否在办公室都会努力工作的人,这种人永远不会被解雇,也永远不必为了加薪而罢工。如果只有老板在身边时或别人注意时才有好的表现,卖力工作,这样的员工永远无法达到成功的顶峰。"

李强是一家外企的文员。这家企业一贯崇尚节俭的作风,甚至每页打印纸都要充分利用——正反两面都要使用。有一天,公司的勤杂工请假没有上班,而李强手头的工作又不太多,于是,办公室主任让李强把一摞用过一面的打印纸按规格分类以备再用。李强对此很不以为然,认为这不是自己的分内事,再过两天干也无所谓。可当第二天主任面带不悦地抱走那摞纸自己整理时,李强才感到事情的严重性。果然,不久公司进行裁员时,李强正在其列。

工作其实永远不分分内和分外。只要是企业需要的,作为员工都应当尽职尽责,积极主动地完成。其实,积极主动不仅是一种行为美德,更是一个人做好工作的基本工作态度。如果一个员工总是要在老板注意到之后或者老板的催促之下才去做好工作,那么他永远不会取得优异的工作业绩,更不会得到老板的重用,早晚会被从企业中清除。相反,如果一个员工时刻都抱着积极主动地态度去工作,那么他无论做什么工作,无论到哪家企业,都会成为其他员工学习的榜样,都会成为老板喜爱的员工。积极主动地去做工作是每一个员工走向成功的"令牌",是每一个员工的立身之道。

优秀员工始终认为,工作无非有两种做法,一个是被动的去做,一个是主动的做,同样是做工作,为什么一定要像奴隶一样,在别人的鞭挞之下才去做,与其做这种费力不讨好的选择,还不如主动去做好工作。在现实生活中有很多事例都可以证明,只要一个员工积极主动的去工作,成功一定会在不知不觉中悄然而至。每一个老板都在寻找能够主动做事的员工,遇到这样的员工,他们会加倍珍惜,并会毫不吝啬地给这样的员工更高的回报。

微软中国区原总裁唐骏,在进入微软的时候是从程序员做起的。在看到了微软 Windows 中文版本发布时间比英文版滞后很长时间时,他并没有像其他程序员那样只是向上级反映,而是带着解决方案找到了上级。于是,在三个月内,便由普通程序员升为开发经理。1997 年,他主动请缨回到中国筹建大中国区技术支持中心。3 个月后,技术中心开始运转。6 个月后,技术中心各项运营指标已位居微软全球五大技术支持中心之首,唐骏荣获"比尔·盖茨总裁杰出奖"。这是微软公司内部的最高荣誉。1999 年 7 月,中国区技术支持中心正式被提升为亚洲技术中心,2001 年 10 月,亚洲技术中心升级为微软全球技术中心。2002 年 3 月,唐骏出任微软中国区总裁,年薪上千万元人民币。

其实在我们的工作中,每个人都能积极主动地去工作,想做到积极主动其实是一件很简单的事情,之所以有很多人做不到,是他们不平衡的心理在作怪。他们总是想,别人都不积极主动,我凭什么主动去做事,我凭什么要主动思考问题。其实，积极主动做事并不会让一个人吃多大亏，而且你有可能还因为比别人多积极一点，反而获得高出自己付出十倍甚至二十倍的高额回报。

一位先哲曾经说过："生命是没有意义的，除非有工作；所有的工作都是辛苦的，除非有知识；所有的知识是空虚的，除非有热望。主动的工作才是生命的具体化，那么让我们怀着积极主动的态度工作吧！"这就是每个优秀员工都时刻谨记的话，他们也正像那位先哲所说的一样，时刻都用积极主动的态度去面对工作，所以，他们才做出了许多令老板惊讶的好成绩，进而让老板刮目相看，加倍重用。

2

主动进取，抓住每一个细小的机遇

我们都知道，机遇是可遇而不可求的，而且还总是来得偶然，毫无征兆，没有任何迹象让人无端错过，空留无数遗憾。其实，机遇如一个羞答答的美貌姑娘，她永远不会主动来找你，而需要你努力地去追求。时刻为机遇的到来做好一切准备，不放过任何它可能到来的时机，一旦它出现，就紧紧地抓住，再也不放它走，它才会真正垂青你。而一味地等待是没有用的。许多人之所以不能成功，并不是他们没有遇到成功的机遇，而是他们总是等待机遇的到来，忘记了主动去争取，主动去发现。或者是在机遇到来时，他们没有做好任何准备，没能好好抓住机遇，所以他们才总是看不到机遇，总是把握不住机遇，长期沦为一个默默无闻的普通人。在工作中，每一名优秀员工都不是坐等机遇的人，他们总是主动进取，主动发现机遇。正因为如此，他们才看到了机遇，才抓住了机遇，哪怕是一个再细小的机遇,也不会从他们身边溜走,所以他们才从众多的员工中脱颖而出,成为老板器重的员工。

在今天这个竞争激烈的社会,优胜劣汰的速度非常快,每个企业只有不断进步,不断创新才能发展壮大。然而,能够帮助企业不断进步,不断创新并不是老板一个人就能做到的,需要企业中的每一名员工主动进取才能实现。因此,真正能让企业不断发展壮大的只能是那些主动进取,不断提高自身能力的员工,这样的员工才是企业最需要的员工,才能得到老板的重用。

微软的众多领导认为,一个不单纯依赖公司进行培训,而是自己主动提高自身技能的人,一个会在短时间内主动去学习更多的有关工作范围知识的人,才是真正优秀的人才。确实,主动进取既是一种人生态度,也是一个员工做好工作的有效方法。不止微软公司需要主动进取的员工,当今许多大的跨国公司里的优秀员工,都具备一个良好习惯,就是主动进取。

主动进取是优秀员工和普通员工的分水岭。一名普通员工,他对待工作以及在工作中的问题总是选择偷懒或者逃避的态度,在这种工作态度的指使下,他没有创新和进步的意识,更不愿意在工作上动脑子,总是按部就班或者在领导的多次督促下才去工作,因此永远做不出优异的工作成绩。而优秀员工对工作则时刻抱着主动进取的态度,总是主动去工作,从不用老板催促,在工作中发现问题,他们总是主动去处理,主动想解决办法。正是这种主动进取的工作态度,让他们在一次次的主动工作和主动解决问题中不断学到新的知识,能力不断得到提高,成为一个工作能力强,工作成绩突出,深受企业和老板重用的员工。

在我们的周围,一些员工总是习惯性地把自己总是拿不到高薪水,得不到提升归结到没有遇到好的机遇。实际上,每一个员工都有被提拔的机遇,都有机会拿到高薪水,能否抓住这些机遇的关键就在于你有没有主动进取,主动工作的精神。一个员工在总是抱怨没有成功的机遇时,应该先问一下自己,就算是遇到成功的机遇,自己有没有能力去好好抓住。很多时候,一个员工不是没有成功的机遇,而是他没有能力把握机遇,只有一个主动进取,不断提高自己的能力的员工才能在机遇到来时将它牢牢抓在手中,进而改变自己的人生,成为一名出类拔萃的优秀员工。

1993年,伏自然从徐州电校发变电专业毕业后,被分配到邳州供电公司变运工区生产一线从事变电运行工作。他15年如一日,在平凡的工作岗位上踏踏实实工作、认认真真学习,通过理论联系实际快速提高自己的专业技能和业务水平,不断满足生产岗位需求。

"学习永无止境,只有通过学习,才能增强技能,成为行家里手,解决不断出现的新情况、新问题。"这是他的学习理念,他把这种理念运用到实际工作当中。2008年6月2日～6月22日,220千伏邵场变电站设备改造,邵梨4972开关及旁路2620开关更换保护。面对新设备、新技术,他仔细查看说明书,逐步掌握新设备原理、性能,有不懂的地方主动请教现场施工技术人员,直至完全弄懂为止。经过20天的连续作战,他顺利完成了新设备的更换任务,受到大家的一致好评。

作为技术培训员,伏自然除了做好事故预想和现场安全措施外,加强技术培训也是他的工作重点。旁路保护更换,需要进行旁路代出线及主变的测试工作,旁路代主变倒闸操作是220千伏变电站最复杂的操作,新保护代主变与正常的倒闸操作还有所不同,伏自然作为操作监护人,做好全过程的安全监护,认真结合启动送电方案,按照调令认真审核操作票,确保每一项操作的顺序正确无误。为了使大家的业务水平得到提高,他定期开展现场考问、事故预想、反事故演习及专业技能讲座。

担任变运工区技术员后,面对压力,伏自然的学习劲头更足,他认真阅读和记录各类设备技术说明书及使用说明书,设备培训教材及维护管理规范要求,他都要自学一两次,然后根据培训计划制作培训课题,给大家认真讲解。伏自然作为QC小组主要成员,每年都积极参与小组攻关,其中2005年他的论文《2号主变强油风冷装置控制回路改接线》作为班组QC攻关课题获得了徐州供电公司优秀成果奖。

伏自然的成功经历告诉了每一名总是抱怨没有成功机遇的员工，你的工作中存在许多可以让你实现成功的机遇，只是这些机遇做了一些小把戏，让你不那么轻易发现和获得。但只要你主动进取，不断提高自身能力，那么哪怕是一个再细小，再渺茫的机遇，你也能把它牢牢抓在手中，将自己引向成功的殿堂。优秀员工就是因为始终坚持主动进取，主动工作，所以他们才能顺利抓住每一个能让自己成功的机遇，让自己变得与众不同，备受瞩目和青睐。

3

主动竞争，敢于面对一切挑战

有句俗语这样说："最好的防守是进攻。"在当今这个充满挑战和竞争的社会中，无论是哪家企业和哪名员工，只有敢于面对一些挑战，主动参与竞争，才能获得成功，才能长盛不衰。

对于一名员工来说，要想在这个竞争激烈、能者居之的残酷社会中生存和获得成功，你就必须勇敢地面对竞争和挑战。如果一味的害怕竞争，害怕受挫，总是逃避竞争，那么即使你拥有过人的能力，也没有机会获得展示。同样，一个不敢面对挑战和竞争的员工，他的能力也就得不到提高。长此以往，他必然会过时，被淘汰，被时代所抛弃。一名真正的优秀员工，他面对挑战和竞争从不会选择逃避，而是带着一种勇者的精神，敢于面对一切挑战，主动参与竞争。也正因为如此，他们才收获了比普通员工更多的成功。

日本企业家松下幸之助这样说道："一个员工具有强烈的竞争意识才

能彻底发挥潜力。"因此,他的公司非常注重培训员工的竞争意识,希望公司中每个员工都成为竞争强人。很显然,一个不怕竞争,总是主动竞争、敢于面对一些挑战的员工已经越来越受到企业和老板重视,只有这样的员工才能得到重用。

某公司在人才市场举行广告策划、文化传播、市场营销专场人才招聘会。前去应聘的刘珊是学市场营销的,她在人才市场看中了一家广告文化传播公司。

当时来这家公司应聘的人很多,而留给应聘者的座位只有一个,刘珊见一些应试者远道而来,便主动让出座位,让他们先面试。等到她面试时,那家公司的负责人对她的情况虽比较满意,但认为她过于谦让,无法适应激烈的市场竞争,决定不予聘用。

刘珊对招聘单位如此用人观困惑不已。招聘公司的这位负责人解释说:"谦逊礼让的确是传统美德,但要看场合而定,面对激烈的市场竞争,公司更需要锐意进取的员工。这次公司招募的人才将到广西开拓市场,如果过于谦让,将会失去市场良机。"

不错,一个懂得谦让,不与他人争抢的员工固然是一个品德优秀的员工,但对于一个企业来讲,品德优秀的员工不可少。可是企业更需要一个有竞争意识,而且喜欢去主动竞争的员工。因为只有敢于面对挑战,积极主动去竞争的员工才能让企业得以生存和不断发展壮大。

俾斯麦曾经这样说道:"你若不肯把你的生命拿来冒险,你就不能希望赢得你的生命,我们的生命只能为我们的灵魂而存在。人生就像压翘翘板,在靠近中间位置的人,当然不会有大幅度的跌落,但同样也不会有大幅度的升腾,我想我们应该选择最边缘的一端,这样的人生才能精彩。"是的,主动竞争确实是一种冒险的行为,因为,有竞争就会有失败,这是在所难免的事,但只要主动竞争就有获得成功的希望,一个总是逃避竞争,不敢竞争的人,永远不可能获得成功。

某大公司打算招聘一位技术主管,在众多求职者中,王强和邹亮二人在个人的知识、技能和能力方面都很优秀,几乎不相上下。两天之后，正当公司犹豫录用哪一个更合适时，邹亮主动给公司的人力资源部打了一个电话，并寄了一封信过来，信中表达了他对这家集团的向往以及他为什么认为自己是合适的人选，此外还有他已经发表的论文、老师的推荐信和他希望来公司作的课题等。结果，正是因为这封勇敢的自荐信，让尽管不是中国名校毕业的邹亮脱颖而出，被顺利录取。

显而易见，这就是主动竞争和不主动竞争的两种人的不同结果。在职场中，这样的例子数不胜数，其实每个员工都有成功的机会，只是一些员工先行一步，主动去争取，所以他们才率先抢走了胜利的果实。优秀员工正是上述例子中邹亮这样的人，他们从不害怕挑战，从不逃避竞争，而是敢于面对一切挑战，主动参与竞争，所以他才做出了比其他员工更好的工作成绩，成为老板眼中英勇无敌的得力干将。

自觉自愿，积极主动去做该做的事

如果用一个成语来总结优秀员工的工作态度，"当仁不让"再合适不过。一名优秀的员工，时刻都会积极主动地去做自己该做的工作，绝不逃避和推让。

世界著名的成功学家拿破仑·希尔曾经说过："主动执行是一种极为难得的美德，它能驱使一个人在未被吩咐应该去做什么事之前，就能主动地去做应该做的事。这个世界愿对一件事情给予大奖，包括金钱和名誉，那就是主动执行。"在企业中，一个不用领导督促，积极主动地去做自己该做的事的员工，不但能做出优异的工作成绩，而且还备受老板器重。而那些总是在老板不在的时候就偷懒,或者在老板的再三督促下才去做事的员工,永远不可能做出好的工作成绩,更得不到老板的重用,甚至会被老板清理出企业。

窦明是一家大公司的库房管理员,他的工作就是每天管理公司物品的出库和入库,还有一些物品的码放工作。

有一天,正好是工作的空闲时间,百无聊赖的窦明准备趴在桌子上睡一会。这时,总经理突然来到了库房,窦明急忙站了起来,并向总经理走去。总经理并没和窦明说话,他用目光在库房里随便扫视了一遍,然后示意窦明跟着自己来到一个货架旁。到了货架旁,总经理还是没有说话,只是一个人不言不语地把货架上散乱的物品摆放整齐。窦明在旁边一直看着总经理的一举一动,这些工作本来是他快下班的时候才去做的,但总经理为什么现在就要去做好呢?想到这里,窦明有些疑惑不解,不过他更感到一丝不安。

第二天,窦明的不安终于应验了。他刚来到公司,就被叫到了总经理办公室。一进门,窦明就看到许多的求职者,而他们的求职单上的应聘职位是库房管理员,看到这里,他的心为之一颤。"窦明,你是一个很聪明的员工,而且很多时候工作也做得很好,但是我们公司需要的是一个自觉自愿,积极主动地做自己该做的事的员工,你恰恰就是在这点上有欠缺,所以,为了公司的长远发展考虑,公司只能把你开除了。"听到这句话,窦明其实并没有太大的震惊,似乎早就预料到会有这样的结果,他此时并不想抱怨什么,有的只是无尽的忏悔。

这就是一个员工不积极主动去做自己该做的事的最终下场。很多时候,一个员工不用监督,不用督促,而是自觉自愿,主动去做该做的工作,那么他在老板和同事心目中的地位就会在不经意间得到提升,而成功也会不知不觉的到来。

有一些员工总是抱怨自己的工作太平凡、太乏味。在这种态度下,他们总是处于一种被动或者懒散的工作状态,对工作提不起任何兴趣,不是偷机取巧就是抱着能少干一点就少干一点态度。可事实上他们这种被动和消极的工作态度,让他们不但虚度了宝贵的光阴,更做不出令老板满意的工作成绩,也不可能得到企业的重用。综观现代职场中的优秀员工,譬如公交车售票员李素丽、掏粪工人时传祥,他们从事的工作都很简单平凡,但却因为他们总是积极主动对待工作,所以使得他们即使在平凡的工作岗位同样做出了不平凡的工作成绩,受到领导和人们的爱戴。可见,即使是一个再平凡的工作,往往也能蕴藏着巨大的成功机会,只要每个员工自觉自愿,积极主动地去对待自己的工作,同样能做出优异的工作成绩,得到老板的重用,获得伟大的成功。

如果我们仔细观察那些职场中的成功者和失败者,我们就会发现他们之间存在一个巨大的区别。成功者无论做什么工作,都会积极主动,用心去做,并力求达到最佳的效果,不会有丝毫的放松;而失败者总是抱着消极被动的态度对待工作,只要老板不在,他们就不去工作,只要老板一日不监督,他们就不会认真做好工作,只有许多工作问题到了火烧眉毛,需要迫切解决的时候,他们才临阵磨枪。不得不承认,大多数人所从事的工作可能都不是自己喜欢的工作,但我们既然做了这份工作,就有一份做好的责任感,正所谓"既来之则安之"。你要试着让自己喜欢上你的工作,并能积极主动,用心去做自己的工作,只有这样才能让你成为一名工作能力突出,工作成绩优秀,备受老板器重的员工。反之,一个总是懈怠,被动地去工作的员工,就算是做自己做的工作,也永远不会有什么大作为。

马布里是一家公司的总裁,在谈到自己的成功经历时他这样说道:"像无数的年轻人一样。我在青少年时期和上大学时做过许多的工作。修理过自行车,卖过词典,做过家教、书店收银员、出纳。大学期间,为了换取学费,我还给别人打扫过院子,整理过房间和船舱。我曾经认为这些工作单调而无聊,所以不必积极主动去做,后来我发现自己的想法完全错了。事实上,这些工作给了我许多宝贵的教诲,不管从事什么样的工作,我其实都从中学到了不少的经验,都值得积极主动去对待。如今,我成了一名管理者,我依然像原来那样积极主动的去做该做的事,这不

仅让我与众不同,也让我为自己取得更大的成功积累更强大的
实力。"

积极主动去做该做的事不仅是一个员工最起码的职业道德和职业素
养,同样也是一个员工走向优秀和更大成功的前提条件。马布里的成功,
正是源于他积极主动地去做好该做的事的工作态度。优秀员工之所以受
老板重用,正是因为他们拥有和马布里一样的工作态度,自觉自愿,积极
主动地做好自己该做的事。他们坚信只有自觉自愿,积极主动地去做好
该做的工作,才能在无论是平凡还是尊贵的工作岗位上都能做出不平凡
的工作成绩,才能成为一名受老板重用的优秀员工,才能走向更伟大的
成功。

5

拒绝浮躁,不做好高骛远的空想家

美国质量管理专家菲利普·克劳斯比说道:"一个由数以百万计的个
人行动所构成的公司经不起其中1%或2%的行动偏离正轨。大量成功
和失败的企业案例都证明:我们不缺乏雄才伟略的战略家,缺少的是精益
求精的执行者。"

菲利普·克劳斯比说得没错,一个企业真正需要的并不是那些具有
雄才伟略,但却总是好高骛远的空想者,而是一个脚踏实地的实干家。无
论何时何地,脚踏实地始终是一个人应该具备的基本素质,也是一个人成
就一番事业,走向成功的关键因素。对于一名员工来说,只有杜绝好高骛
远的浮躁心态,脚踏实地,一步一个脚印,踏踏实实地做好自己的工作才
是获得成功,有一番大作为的真谛。

　　张杰是一所著名大学的毕业生,毕业后被分配到一家省级机关。他胸中豪情万丈,一心只想鹏程万里。不料上班后才发现,每日无非是些琐碎事务,既不需太多智能,也看不出什么成果,于是,他开始变得懈怠起来。

　　一次单位开会,部门同事彻夜准备文件,分配给张杰的工作是装订和封套。处长再三叮嘱他:"一定要做好准备工作,别到时弄得措手不及。"他心中不快,心想:做这种事还用得着百般嘱咐,所以,他根本没理会。同事们忙忙碌碌,他也懒得帮忙,只在旁边看报纸。等到文件终于交到他手里。他开始一件件装订,没想到只订了十几份,订书机"喀"地一响,针用完了。他漫不经心地抽开订书针的纸盒,原来里面是空的,这下他傻眼了。事后,他立刻发动所有人翻箱倒柜,不知怎的,平时满眼皆是的小东西,现在竟连一根都找不到。而此时的时间已是深夜十一点半,文件必须在次日八点大会召开之前发到代表手中。处长咆哮道:"不是叫你做好准备的吗? 连这点小事也做不好,大学生有什么用啊?"

　　张杰低头无言以对,脸上却像挨了一巴掌一样通红。几经周折,张杰在凌晨四点找到一家通宵服务的商务中心,终于赶在开会之前,将文件发到代表手中。

这就是一个浮躁的,总是好高骛远的员工的得到的教训。确实,在现实的工作中,许多员工总是眼高手低,只想做大事,对那些平凡的工作从不认真对待,可到头来的结果是,他们没有大事做,甚至连小事也做不好,终究一事无成。海尔总裁张瑞敏说过:"什么是不简单,把一件简单的事情做好就是不简单;什么是不平凡,把每一件平凡的事情做好就是不平凡。"一个总是心态浮躁,好高骛远,不愿意做平凡的简单的工作的员工,永远不可能做出好的工作成绩,更得不到老板的重用,只有脚踏实地,从一点一滴做起的员工才能真正有一番大作为,才能成为被重用的优秀员工。

　　李颜和张方毕业于同一所大学,他们在校时品学兼优,特别是在英文和电脑技术方面优势突出,毕业后又一同到了北京一家著名的软件公司,令同学们羡慕极了。没想到,刚进公司后公司分派给他们的任务是看管收发室,接待客人。这对两个心高气傲的大学生来说可是不小的打击。两个月后,张方就因为另外一家私企的高薪、股权引诱而跳槽过去。当时他和李颜商量一起走,可是李颜却咬着牙,决心要做出点成绩来给不器重他们的公司看看,张方去意已决,当月就走人了。

然而张方却没想到,那家私企资金链异常脆弱,还处于四处融资阶段。不久就听说新公司运转出了问题,正常薪水都无法发放,张方又跳槽了。两年中,他就像一只无头苍蝇一样四处乱撞,一次比一次失望,后悔"早知如此……"短短几年时间里,张方已经相继客串了软件、网络、销售、广告、媒体、汽车、保健品等多种行业,可谓"万金油",什么都会一点,但什么都不精通、不专业,只好一直做初级工作,以前的技术也跟不上趟了。奋斗了几年,两手空空。

虽然张方在他的哥们儿面前硬着头皮说跳槽"无怨无悔",但打落门牙往肚里咽的难受滋味只有他自己知道。他自己心里面明白,实际上还是最初的那家公司最好,因为李颜已经从收发室转变成为一个重要的部门的经理,手里拿着可观的原始股票,买了车,同学聚会都在他新买的"高档公寓"举行。而"跳槽冠军"张方则仍然一无所有,惶惶不可终日。

李颜和张方同为知名大学的品学兼优的毕业生,但为什么后来的差距会这么大呢?其实,李颜的成功秘诀正是因为他杜绝了好高骛远的浮躁心态,而是选择脚踏实地,从基础做起的工作态度所致,而张方则成为了浮躁心态的牺牲品。

哲学家西柳斯曾经说过这样一句名言:"想要达到最高处,必须从最低处开始。"可在现实生活中,仍然有一些刚入职场的员工不明白这个道理,他们总想着一步登天,一下就当上经理,当被派去从底层做起时,他们便认为开始怨声连连,甚至会选择跳槽离开。其实,他们不知道,无论他们多有才华,如果总是抱着一步登天的浮躁心态对待工作,那么就算到任何一家企业也不或有所作为,更不会吸引老板的目光。一名真正的优秀员工,从不会有一步登天的幼稚想法,他无论做什么工作,都会心甘情愿,脚踏实地的从基础做起,认真对待自己的工作,并在工作中不断提高自己的能力,最终凭借积累起来的足够实力登上成功者的宝座。

有一个应届毕业生,他的第一份工作是在车间度过的,即坐在机器旁剔除流水线上的不合格产品,每天工作 10 小时,不仅时间长,而且相当辛苦。当时,与他一同来公司的十多位大学生都乐意做这样的工作,纷纷辞职了。但是他没有,他仍勤勤恳恳地工作,仍仔细检查每一个环节,连细微之处也没有放过。

其实他也并没有觉得这件工作好,只是觉得做任何事情总有个顺序,想一步登天是不可能的,而车间确实又是锻炼人的好地方。于是静下心来埋头苦干。结果,半年后他顺利走上了中层领导岗位,老板对他的评价是能吃苦、钻研、肯干,是个诚实的人。而反观当初与他一起来的那些大学生们,尽管一些人也事业有成,但大多数仍奔波于职场中艰难求生。

这个大学生正是一个脚踏实地,心甘情愿从基层做起,最终走向成功的优秀员工的典范。其实无论哪一名优秀员工,他们在工作中从不会好高骛远,更不会幻想一步登天,而是始终贯彻脚踏实地,从一点一滴做起的工作作风,认真对待每一份工作,所在他们才尝到了那些急功近利的员工永远无法尝到的成功果实的滋味。

6

甘心从平凡的工作做起

在当今社会,许多员工总是认为,要想获得成功,必须要有一个优越的工作为立足点,只有这样才能获得成功,如果是一个简单平凡的工作,就很难有出人头地的机会,更别谈获得成功。其实,他们这种观点是不正确的,天遂人愿的事情确实存在,但却极为罕见,许多的工作岗位都是普通而平凡的,我们根本无法决定我们的工作环境和岗位,但这并不能说明我们不能在平凡的工作岗位上获得成功。对于一个员工来说,无论身处哪个工作岗位,无论从事什么工作,只要抱着一种脚踏实地,甘心从平凡工作做起的态度去对待工作,时刻都工作充满热情,那么你一样可以做到优秀,一样可以获得成功。

李默现就任于美国一家大公司的副总裁,但他到美国的第一份工作却只是一个仓库保管员。尽管出国以前学的是企业管理专业,可是他并没有轻视这样一份在常人看来难以有所作为的工作。因为在他看来,自己即便是看仓库,也要看出企业管理的水平。

于是,他以货物的流通为切入点,通过对各种货物的流通速度来评判公司的各项业务,找出周转缓慢需要调整的业务,并不断上交分析报告,以此作为公司管理层做出未来决策的参考依据。他这么做完全出于主动,他把公司的问题当作自己的问题。所以,十年间他从管理员一步一步做到了副总裁,并掌管着100亿美元的资金运作。

综观当今社会,其实在我们周围我们还会发现许多像李默一样从平凡的工作岗位走向了不平凡的人,他们的成功原因有很多,但有一点是相同的,就是他们都具备了甘心从平凡的工作做起,甘心从基层做起的工作态度这一点。这就说明,无论是多么平凡的工作,都蕴含着成功和展现自己价值的机会,只要一个员工脚踏实地,甘心地从平凡的工作做起,认真对待自己的工作,那么他就能从众多普通员工中脱颖而出,在平凡的工作岗位上一样做出不平凡的成绩,成为工作成绩突出,备受老板重用的优秀员工。

然而,现实的情况却往往是事与愿违的。在企业中,仍然不乏有一大部分员工不愿意做平凡的工作,总认为自己是经世奇才,应该去做大事,但这些人的结果往往是大事做不了,小事做不好,终究落得一事无成。

一位年轻人毕业后被分配到一个海上油田钻井队。在海上工作的第一天,领班要求他在限定的时间内登上几十米高的钻井架,把一个包装好的盒子送到最顶层的主管手里。他拿着盒子快步登上高高的狭窄的舷梯,气喘吁吁、满头是汗地爬上顶层,把盒子交给主管。主管只在上面签下自己的名字,就让他送回去。他又快跑下舷梯,把盒子交给领班,领班也同样在上面签下自己的名字,让他再送给主管。

他第二次爬上钻井架,把盒子交给主管。主管签完字后让他再送回去。他又快跑下舷梯,将盒子交给领班。领班签完字,让他再送上去。

他又拿起盒子往上爬。当他上到最顶层时,浑身上下都湿透了,当他第三次把盒子递给主管时,主管说:"把盒子打开。"他撕开外面的包装纸,打开盒子,里面是两个玻璃罐,一罐咖啡,一罐咖啡伴侣。

主管又对他说:"把咖啡冲上。"年轻人再也无法忍受了,"啪"地一下把盒子扔在地上:"我好歹也是个大学毕业生,竟然总让我做这种沏茶倒水的工作,我不干了!"

这时,这位主管站起身来,对他说:"刚才让你做的这些叫做承受极限训练,因为我们在海上作业,随时会遇到危险,就要求队员一定要有极强的承受力,承受各种危险的考验,才能完成海上作业任务。前面3次你都通过了,可惜,只差最后一点点,你没有喝到自己冲的咖啡。现在,你可以走了。"

听到这样的话,年轻人感到非常懊悔,但已经于事无补,他只能灰头土脸地走开了。

这个年轻人就是因为缺少脚踏实地,甘心从平凡的、基础的工作做起的耐性,最终葬送了他原本应该很美好的前程。脚踏实地不仅是一个员工应该具备的基本素质,更是他能否做出好成绩,能否在日后成为一名优秀员工的先决条件。只有一个不好高骛远,脚踏实地,甘心从平凡和基础工作做起员工,才能无论做什么工作,都能做出优异的工作成绩,都能获得成功。

张颖毕业以后进入一家公司,主要负责公司管辖的一块居民楼的抄水表工作。每逢单月的 12 日起,她就必须要挨家挨户的抄水表,每天都要跑好几个村,一抄就是好几百户人家,往往是晚上到家时已经累得一步都走不动了。

然而到了双月的 12 日到 15 日,张颖的工作更加繁多,首先是收钱,因为没有验钞机,对于真假币很难判断,她经常因为收到一些假币而被领导批。其次是水费催缴,常常会有居民忘记交水费,需要在收完费之后挨家挨户的上门收水费。就是这看似简单,但却极其复杂而且还很累的工作,让张颖的心中产生了不悦,"毕竟自己是正规大学的毕业生,却做这种小学生都能干的工作"。这样想着,张颖心生了辞职之意。

在张颖准备辞职之前,她参加了一次好朋友的聚会,聚会中一些好朋友对张颖说:"真倒霉,今年的金融危机让我们失去了工作,听说你在自来水公司做抄表员的工作,好羡慕你呀!有份稳定的工作真好,像我们还在飘荡呢。"这时,张颖突然醒悟过来,"确实,自己是多么幸福呀,有工作总比没工作好,我只要脚踏实地,从底层做起,只要努力,总能干出成就"。这样想着,张颖打消了原本准备辞职的念头,暗下决心,一定要踏踏实实工作。

此后,张颖总是认真对待每一天的工作,对待每一位用户。因为工作态度的转变,她每次去抄表的时候,周围的居民也开始主动和她打招呼,并积极配合她的工作。而随着和用户之间的沟通越来越多,而且和每一个用户都成为了好朋友,张颖收起水费也变得容易了很多,每个月的水费都能及时准确的收缴,再没有以前那么麻烦。

不久,由于工作能力突出,张颖被公司提升为了部门经理,不用再出去抄水表了。当许多同事问起张颖的成功经历时候,张颖只是笑着说了一句话"从底层做起,脚踏实地,谁都能像我一样。"

张颖是无数个优秀员工中的一个,但从她身上却能看到所有优秀员工的工作态度。优秀员工从来不会好高骛远,他们甘心从平凡的工作做起,因为他们始终深信,"不积小流无以成江海",只有从平凡的基层的工作做起,才能学到更多的基础知识,才能为自己日后的成功积累雄厚的实力,才能在有朝一日实现成功的理想。

7

脚踏实地,为自己的理想和目标执著努力

如果一个人空有一肚子理想,但却不脚踏实地,总想一步登天,那么这个人不可能成功;如果一个人脚踏实地,但却没有理想,那么这个人就像个没头的苍蝇,缺少奋斗目标,一样不会有什么大作为;如果一个人既有理想,又脚踏实地,那么这个人有很大几率会成功;如果一个人既有理想,又脚踏实地,同时还有对实现自己理想一股执著的劲头,那么这个人一定能获得成功。如果我们仔细观察一下优秀员工的成长历程,我们会从中发现,他们正是一群有理想,而且脚踏实地,为实现自己的理想和目标执着努力的人,也正是因为这种执著的坚持,让他们有一种势必成功的决心和勇气,并最终实现了自己的理想。

维斯卡亚公司是20世纪80年代美国最为著名的机械制造公司,许多大学生毕业后到该公司求职均遭拒绝。原来,该公司的高技术人员爆满,不再需要各种高技术人才。但是令人垂涎的待遇和足以使人自豪、炫耀的地位仍然向求职者闪烁着诱人的光环。

史蒂芬是哈佛大学机械制造专业的高材生。他和许多人的命运一样,对去维斯卡亚公司工作充满了向往,但在该公司每年一次的用人测试会上,他同样被拒绝了申请。然而史蒂芬并没有就此放弃,他发誓一定要进入维斯卡亚重型机械制造公司。于是,他采取了一个特殊的策略——假装自己一无所长。

史蒂芬先找到维斯卡亚公司的人事部,提出愿意为该公司无偿提供劳动力,请求公司分派给他任何工作,他都不计任何报酬来完成。公司起初觉得这简直不可思议,但考虑到不用任何花费,也用不着操心,于是便分派他去打扫车间里的废铁屑。

一年里,史蒂芬勤勤恳恳地重复着这种简单但是劳累的工作。为了糊口,下班后他还要去酒吧打工。这样,虽然得到老板及工人们的好感,但是仍然没有一个人提到录用他的问题。

20世纪90年代初,维斯卡亚公司的许多订单纷纷被退回,理由均是产品质量问题,为此公司蒙受巨大的损失。公司董事会为了挽救颓势,紧急召开会议商议对策,当会议进行一大半却未见眉目时,史蒂芬闯入会议室,提出要直接见总经理。

在会议上,史蒂芬对这一问题出现的原因作了令人信服的解释,并且就工程技术上的问题提出了自己的看法,随后拿出了自己对产品的改造设计图。这个设计非常先进,恰到好处地保留了原来机械的优点,同时克服了已出现的弊病。

总经理及董事会的董事见到这个编外清洁工如此精明在行,便询问他的背景以及现状。史蒂芬当即被聘为公司负责生产技术问题的副总经理。

原来,史蒂芬在做清扫工时,利用清扫工到处走动的特点,细心察看了整个公司各部门的生产情况,并一一作了详细记录,发现了所存在的技术性问题并提出了解决的办法。他花了近一年的时间搞设计,获得了大量的统计数据,为最后一展才干奠定了基础。

史蒂芬是一个有远大理想的人,他的理想是一定要进入维斯卡亚公司工作,同时,他又是一个脚踏实地的人,为实现理想他甘愿做一个没有任何报酬的清洁工,然而,他更是一个为实现理想而执著努力的人。事实证明,正是因为史蒂芬在做清洁工时始终不忘自己的理想,并为了实现理想不断积累自己的知识和提升自己的能力,才让他将理想转化为了现实。

在许多优秀员工看来,他们能够成功的根本原因确实离不开宏伟的理想和脚踏实地的奋斗过程,但更离不开为获得成功一直努力的执著心态,因为是那份执著的态度让他们坚信自己一定能实现理想,一定能获得成功;是那份执著的态度让他们在脚踏实地的工作中有源源不断的干劲儿;是那份执著的态度让他们最终梦想成真。

1947年出生于广东惠州的杨钊,家里有10个兄弟姐妹,他在这样的环境下生活极为艰难。一种求生和奋发向上的本能驱使他离开了家乡,孤身到香港寻找发展的机会。

杨钊到香港一个多月,四处寻觅工作的机会。踏破铁鞋无觅处,后来终于在一位老乡的介绍下,找到了一份制衣厂当杂工的工作。

杨钊把自己的打工生涯视作奠定创业的根基,为此他既努力工作,又时刻注重学习,从中不断提高自己的技术本领。

经过近5年的制衣厂打工生涯,杨钊不仅掌握了制衣的技术,懂得了工厂的管理之道,并摸清了服装的销售渠道。1971年,他开始自己创业了,挂起"旭日制衣厂"的牌子,由小本买卖人手,逐步把生意做大。

经过20年的勤奋拼搏,杨钊的"旭日制衣厂"已变为"旭日集团",现在正"如日中天",它的业务包括了制衣、销售贸易、地产投资及物业管理等。目前,他的集团拥有年产两千万条裤子的生产线,有16000名雇员,赢得了"裤王"的称誉。

脚踏实地、努力工作就会成功。每一个优秀员工都要像杨钊这样,为实现自己的理想和目标,脚踏实地、循序渐进、奋勇向前、一点点向着成功执著努力,最终迎来了人生的辉煌。

第六章　始终知道只有敢想敢做才有成功的可能

　　优秀员工深深懂得,只有敢想敢做才有成功的可能,因而他们认定敢想敢做就是自己的行动准则。他们不被守旧的思想束缚,敢于冒险,大胆创新,只要想到什么有利于企业发展的好点子就马上付诸行动,任何时候也不放弃。正是这种敢想敢做,勇于创新的精神让他们走向了成功,为企业创造了更大的利益,也让他们从普通走向了优秀。

1

敢想敢做才是成功者的特质

有一句话说得好:"思路决定行动,行动决定成败。"一个人只有想法而不付诸实际行动,他的想法也只能是一个空想,是一片虚幻的浮云,永远不会得以实现;只有一个不但敢想,而且还敢做的人,才能真正将想法变成现实,真正获得成功。在我们的工作中,总是能见到一些这样的员工,他们总是有许多很好的想法,而且无论说什么都能说得头头是道,但他们却因为只敢想,不敢做,只能将这些好想法白白浪费掉,永远没有什么大作为。而优秀员工则与这些员工的做法截然不同,他们不但敢想,更加敢做。因为他们始终深信一句话:敢想是成功的前提,敢做才是成功的保证,敢想敢做才是成功者的特质。

美国总统林肯曾经成功废除了黑奴制度,发表《解放黑奴的宣言》,他在接受一段采访时说:"并不是我能够废除黑奴制度,皮尔斯和布坎南(上两届总统)都曾想过废除黑奴制度,可是他们都没拿起笔签署它。如果他们知道拿起笔需要的仅仅是一点勇气,我想他们一定非常懊丧。"同样,马云也说道:"大部分人是'晚上想好千条路,早上起来走原路'"。可见只有做才是成功的秘诀。

在当代的企业中,不乏许多有能力而又聪明的员工,然而能最终脱颖而出,做出一番大成绩的却寥寥无几。究其原因,正是因为他们虽然很有能力,很有才华,但却缺少一种大胆想象的魄力,总是害怕承受失败的打击,或者是虽然有想法,有创意,但没有一种敢于尝试的魄力,总是抱着假如万一失败怎么办？如果不成功就惨了！还是不要冒险,稳定才是硬道理。他们不知道,正是因为缺少了敢想敢做的勇气,才让他们失去了脱胎换骨、改变自己的一生的许多良机,永远徘徊在普通员工阶层。所以,每一名员工都应该明白,只有敢想敢做才能获得成功,不要总抱怨自己的命运不好,不要抱怨自己总遇不到成功的机会,而要放开手脚,敢想敢做才可以改变命运。

1990 年夏天,穷困潦倒的罗琳在去伦敦的途中,脑海中忽然闪现出一个念头:"我一定要改变目前的窘况,我要挣钱,并且要拥有 10 亿美元!"

罗琳是个敢想敢做的人,她一旦确定了自己的人生目标,就不会轻易放弃。接下来,罗琳对自己进行了一番审视,并最终确立了依靠自身想象力的优势写出一部不同凡响作品的目标。

经过冥思苦想,哈利这个人物形象渐渐浮现在罗琳的脑海中。可是,就在罗琳准备着手写作时,她的生活却陷入了一片混乱:母亲去世、婚姻失败、靠政府救济抚养孩子、被解雇。这一连串人生的不幸,把其中的任何一个放在普通人身上,都足以把一个人击垮。但是,这一切没能阻止住罗琳写下去的决心,在获得"哈利·波特灵感"的第四年,罗琳摆脱生活的阴霾,全身心地投入到《哈利·波特》的写作中,并最终一鸣惊人,成为英国最富有的女性。

罗琳成功后,成为各大媒体争相报道的焦点。一天,一位记者问了她这样一个问题:"请你结合自身的经历,谈一谈一个人应该怎样做才能获得成功好吗?"罗琳笑了笑,说:"路·泰斯说过,'一切有意义而持久的变化都必须先从内心开始,然后再由里向外地发展。'路·泰斯告诉我们,所有的成功和财富都源于一个想法。想法是成功的种子,一个简单的想法有时能创造出一个成功的神话。但是,一个人要想成功,光有想法是不够的,还要将自己的想法付之于行动,并为之坚持不懈。其实,说白了,成功就是这样一个公式:想法＋坚持＝成功。从这个公式上

看,成功其实很简单,起源于一个想法而已! 但是成功也很难,
因为你要为这个想法付出很大精力甚至自己的一生!"

罗琳的成功经历告诉我们,只有一个敢想敢做的人才能获得成功,只有一个同时具备想法、行动和坚持的特质的人,才是一个真正的成功者。优秀员工就是因为具有这些特质,敢想敢做,所以才能从人才济济的职场中展露头角,成为一个优秀的人。

2

勇于冒险,敢于尝试一切

不可否认,一个人无论做任何事情,都存在一定的风险性。但正应了一句话"富贵险中求",一个不愿冒任何风险的人,他只能是和下面的农夫一样,一无所获。

有人看到一个农夫在农忙季节什么也不干,感到很奇怪,就问他:"你种小麦了吗?"

农夫回答:"没有,我担心老天不下雨。"

那人又问:"你种棉花了吗?"

农夫说:"没有,我担心虫子吃了棉籽。"

于是,那人又问:"那你打算种什么?"

农夫说:"什么也不种,我觉着这样最安全。"

听了这话,那人哭笑不得:"那你就等着挨饿吧!"

在当今这个风险大、机遇也大的社会,敢于冒险已经成为一个优秀员工的基本特色。只有那些敢于冒险、敢于冒险、敢于创新的员工,才能做出令老板惊叹的工作业绩,才能成为一名优秀员工。机遇往往存在于风

险之中,只有一个敢于冒险,敢于尝试的人才能抓住这些机遇,进而改变自己的人生。

日本的大都不动产公司创始人渡边正雄曾是一个小商人,他发现不动产业是个有前途的行业,想去经营,但苦于一没资金,二没经验,他决定去大藏不动产公司去工作,以便学习经验为自己创业打下基础。可大藏公司不愿接受他,无奈之下,他要求在大藏公司免薪工作一年。这一年渡边拼命工作,掌握了大量的信息和经验。在大藏公司高薪聘用他时,他却离开了。他千方百计筹得了一些资金,开始从事房地产生意。

渡边无薪工作之举,看起来好像不算什么,但对于十分贫穷的渡边来说,却是冒着极大的风险的。

创业之初,有人向渡边推荐土地,那是一块有几百万平方米、价格便宜的土地,当时人迹罕至,没有道路,没有公共设施,但这块土地与天皇御用地邻近,能让人感觉好像与帝王生活在同一环境里,能提高个人的身份,满足自尊心。

但这块地向所有的地产公司推销过,没人愿意买。渡边倾力筹借资金,先付部分押金果断地把地买了下来。同行们都嘲笑他是傻瓜,亲戚朋友也为他的冒险担心。渡边毫不介意,而是紧紧地抓住这个机会不放。

战后的日本,经济开始迅速发展。人们的收入增加,大家逐步对城市的噪音和污染感到厌恶,对大自然开始美慕。渡边买下的这块山地充满了泥土的气息和宁静的景色,逐步有人感兴趣了。渡边乘势在报刊上大肆宣传那里的优美环境,招引一些富裕阶层前往订购别墅和果园。一些经营耕作的庄稼人,看到那里有民房出租和有耕地租用,大部分前来定居和从事种植蔬菜果树。

一年左右的时间,渡边就把这块几百万平方米的山地卖掉了八成,一下子使他赚到50亿日元。他利用赚来的钱投资修建道路、整地,并将剩下的二成土地盖成一栋栋别墅。经过3年时间,那块山地变成了一个漂亮的别墅城市,渡边所赚的钱也达到了数百亿日元之多。

多年后,渡边在总结自己的成功经验时这样说道:"我之所以能成功,就是因为我敢于冒险。我在选择一个投资项目时,如果别人都说可行,这就不是机会,别人都能看见的机会不是机会。我每次选择的都是别人说不行的项目,只有别人还没有发现而你却发现的机会才是黄金机会,尽管这样做冒险,但不冒险就没有赢,只要有50%的希望就值得冒险。"渡边说得没错,每个人的身边其实有许多让他获得成功的机会,虽然这些机会看起来很渺茫,但只要敢于冒险,就一定有获得成功的机会。

比尔·盖茨曾经这样说道:"所谓机会,就是去尝试新的、没做过的事。可惜在微软神话下,许多人要做的,仅仅是去重复微软的一切。这些不敢创新、不敢冒险的人,要不了多久就会丧失竞争力,又哪来成功的机会呢?"无独有偶,美国一家大公司的总裁也说道:"冒险精神具备与否,实际上是一个员工思考能力和人格魅力的表现。作为一个员工,只有你把冒险精神投入到工作中去,你的老板才会感觉到你的努力。"确实,不止微软这样赫赫有名的大公司,当代的许多企业和老板都青睐于那些勇于冒险的人,他们宁愿选用一个虽然经常失败,但却敢于冒险的人,也不愿意录用一个处处谨慎却毫无建树的人。

吉姆·伯克晋升为约翰森公司新产品部主任后的第一件事,就是开发研制一种儿童所使用的胸部按摩器。然而,这种新产品的试制失败了,伯克心想这下可要被老板炒鱿鱼了。

伯克被召去见公司的总裁,然而,他受到了意想不到的接待。"你就是那位让我们公司赔了大钱的人吗?"罗伯特·伍德·约翰森总裁问道,"好,我倒要向你表示祝贺。你能犯错误,说明你勇于冒险。我们公司就需要你这种有冒险精神的人,这样公司才有发展的机会。"

数年之后,伯克成了约翰森公司的总经理,但他仍然牢记着前总裁的那句改变自己一生的话:勇于冒险才能成功。

在现代的许多企业中,那些总是安于现状不思进取、没有危机感、不愿参与竞争和拼搏的员工,永远不可能受到老板的重用,更不会有什么大作为。相反,一个敢于冒险,敢于尝试的员工,即使他经历了许多次失败,即使他犯了很多的错,也会像伯克一样,同样受到老板的重用。

莎士比亚曾经说道:"许多看起来没有希望的事,但只要勇于尝试,往往都能获得成功。"优秀员工就正是这种敢于冒险,敢于尝试的人,所以他们才从众多的员工中脱颖而出,成为被企业和老板视如珍宝般的优秀人才。

3

想到就马上去做,浪费时间就是浪费成功的机遇

美国富翁爱琳·福特在谈到自己创业的历程时曾说:"想成为富翁的人必须相信:自己的命运要由自己来决断,有了决断就必须马上付出行动,只要你决定做什么事,就一定要有无论怎样都必须去完成的精神。在失败和成功的关口一定要审慎地抉择,所谓当断不断,必留后患。不要瞻前顾后,否则你将失去好的机会。爱拼才会赢,如果你决定要干一件事,那么就将过去的一切统统抛开,果断的迈出你的第一步。"按照爱琳·福特所说,优秀员工就正是能成为富翁的人,他们有什么好想法就马上去做,从不拖延。因为他们深知,浪费时间就是浪费成功的机遇,拖延只会耽误自己获得成功,甚至让自己的好想法付之东流。

"明日复明日,明日何其多;我生待明日,万事成蹉跎。"许多员工都非常熟悉这首诗,也能明白其中的道理,但真正能够做到从不拖延,有什么好想法就马上去做的员工却寥寥无几。在工作中,总有一些员工虽然有很多的好想法和创意，但却总有一种拖延心理，他们认为，平时工作就已经够烦心的了，有闲工夫还不如先休息一下，等到精力充沛了，时间充足了再做也不迟。可他们不知道，正是因为这种拖延心理，让他们损失惨重，错过了许多成为优秀员工的绝佳机会。当他们事后在准备去实践曾经的好想法时，成功的机会已经无声无息地走远。

对渴望成为优秀员工的人来说，拖延是最具有危害性的，拖延让他们变成只想不做，只会动脑而不会动手的空想家；更是拖延让他们丧失了最佳的获得成功的机会，让他们无论多么宏伟和美好的想法最终只能成为空想。其实，每一个员工都有成功的机会，只要改变一点就可以把成功的机会牢牢抓在手中，那就是有什么好想法就马上去做！

刘丽娟是一个闲不住的人。1999 年，23 岁的刘丽娟从东北师范大学外语系毕业后，在长春工业大学任教。舒适的工作环境并没有让她止步不前，当看到家乡德惠的教育比较落后，特别是中小学英语教育很不规范的现实情况，她就萌生了一个念头，要为农村教育和农村孩子作出自己的贡献。如果当初她把想法只是放在脑子里面，那永远只是个想法。想到了就要去做，雷厉风行，是今天刘丽娟能取得如此优秀成绩的根本原因。

2002 年，她毅然辞去公职，自筹资金，在德惠市办起了外语培训学校。创业之初，学校设备单一，师资队伍也比较薄弱。她没有胆怯，恪守信念，艰苦奋斗，几年时间便实现了学校规模、教育质量、办学领域的整体跨越，先后在九台、双阳、松原等地建立了校区。现在，她的学校已经向全国性、国际性教育培训集团方向发展，用中心城市产生的效益，来弥补中小城市和农村教育培训经费的不足。形象一点说，她走的是一条"农村包围城市、城市反哺农村"的发展之路。

刘丽娟说："在县城搞教育培训，必须立足于农村实际，最大限度地降低农村家庭的教育支出，使农村孩子花最少的钱，享受到最好的教育。"为此，她的学校始终坚持把育人作为价值取向，实行薄利甚至无利的运作模式，在社会上赢得了良好声誉，规模不断扩大。学员由建校之初的十几人,发展到现在的数万人。多年来,已有一万多名学生接受了哈波特外语培训学校的外语培训。

如何能让贫困家庭的孩子都能上得起学,始终挂在刘丽娟的心上。多年来,她共捐助贫困家庭学生806名,赞助教育资金累计达五百多万元;积极组织"亚冬会"全国志愿者英语大赛,积极宣传"亚冬会",累计投入二百多万元。她所创办的哈波特教育集团,被指定为吉林省2008年奥运会赛会志愿者唯一指定培训机构。

每一个渴望成为优秀员工的人都应该像刘丽娟那样,有什么好的想法时,决不能让这些使你成功的机遇白白在拖延中浪费掉,应该立即行动,马上去做,因为立即行动是让一个人获得成功的最有力的"加速器"。

优秀员工始终深信,拖延的危害是无法估量的,它会让自己的许多好想法都成为空谈,都被扼杀在摇篮里。因此,一旦有了好想法,一定不能拖延,浪费时间就是浪费成功的机遇,要立即行动,马上将想法付诸实践,只有这样才能改变自己的命运,走向光彩夺目的未来。

4

坚持自己的决定,不怕失败

一个成功人士曾说道:"一个成功的人并不在于他到底取得了多大的成就,而在于这个人为实现自己的理想而执著奋斗的精神。"优秀员工就正是这样的成功人士,就正是沿着自己理想之路一直走下去,不论遇到任何困难和失败都绝不退缩的,坚持自己的决定,不怕失败的人。确实,一个空有理想,却没有足够的信心和毅力,总是害怕失败、坎坷、挫折,连迈出第一步都不敢的员工,永远都不可能做出什么好的工作成绩,更不可能成为优秀员工。一个员工的成功需要敢想敢做,需要执著,但是更需要自信。自信是理想诞生的前提,自信是实现成功的强力后盾,只有不怕失败,相信自己一定会成功的员工才能有一番大作为。

其实不论是在生活中还是工作中,难免遇到各种挫折和失败,但如果在这不可逃避的挫折面前就放弃了自己的理想,就放弃了追求优秀的向往,整日沉浸在失败的痛苦之中不能自拔,那么即使有让他能够翻身的机会,他也不可能把握。因此,我们每个人在为自己的理想奋斗的过程中,即使遇到了挫折和偶尔的失败也不要灰心丧气,我们应该坚持自己的决定,不怕失败。因为如果我们自己都不相信自己能获得成功,那么成功自然就不会光顾到我们的头上。

优秀员工之所以能够做出其他员工无法做出的优秀成绩,并不是因为他们没有挫折和失败的阻拦。他们在为自己的理想努力的过程中也会遇到无数次失败,但他们不会因此而一蹶不振,反而对自己充满信心,相信自己一定能实现理想。正是因为这种坚信自己一定能成功,不害怕任何失败的精神,让他们做到了一般员工无法做到的事情,获得了一般员工得不到的成功。

疯狂英语创始者李阳,在兰州大学读书时英语考试时常不及格。但到大学二年级时他必须要过英语四级,否则就拿不到学位证书。

为此他常独自一个人跑到陵园里大声读外语,没过多久他发现英语进步的很快。李阳开始了反省:原来由于自己脸皮薄,怕读不准外语,因而不敢开口,而越不敢开口就越读不准外语,从而形成了恶性循环;而现在进步快的原应就是因为自己独自一个人在陵园大声阅读而不怕别人指责。李阳意识到要想取得更大的进步和成就就得不怕丢脸,大胆阅读。

为此他开始走出陵园到大庭广众之下放声朗读。为了更好的锻炼自己的脸皮和胆量,他还穿些奇装异服,带上耳环。果然遭到了很多同学的白眼,甚至有人说他"自不量力,当众出丑,不知羞耻……"但这些讽刺并没有让有理想有抱负的李阳退缩,因为他有自己坚定的目标——就是锻炼自己的胆量和脸皮以提高自己的水平。

正是因为李阳坚持自己的决定,不怕失败的精神,让他在后来的英语四级考试中名列全校第二名,最终给那些嘲笑他的人一个有力的回击。

李阳就是因为坚持自己的决定,不怕失败,奋勇向前,所以他成功了。李阳为我们指明了成功者的道路,但还是有很多员工没有看清这条路。他们虽然有自己的理想和目标,也有很优秀的能力和才识,但总是不敢为实现自己的理想而付诸实际行动。因为他们的心中充满着恐惧感,他们害怕失败,害怕遇到挫折,害怕被别人嘲笑。他们就是敢想却不敢行动,常常在遇到一两次失败后就选择了退缩和放弃,最终沦为一个永远都只能将梦想留在脑子里,留在美好的憧憬里的爱做白日梦的人。

"一个人失去了什么都不可怕,但唯独不能失去勇气和自信,一旦一个人失去了勇气和自信,那么这个人就注定会失去一切。"在现实中也能找到许多这样的事例,许多原本很有才华和能力的人,就因为没有自信,害怕失败,所以他们最终放弃了自己的理想。然而在他们抛弃理想的同时,理想也无情地抛弃了他们。而那些时刻充满自信,坚定自己的目标,不怕失败,锲而不舍地向目标不断努力的人,最终获得了成功。

1814年,英国人史蒂芬孙制造出世界上第一辆蒸汽机车。新生的火车丑陋笨重,走得很慢。当时有人驾着一辆漂亮的马车和它赛跑,火车落在了后面,并且把路基都震坏了。然而史蒂芬孙并未灰心,经过无数次的改进,终于形成了现今火车的前生。许多年过去了,马车仍以同样的速度转动着轮子,而火车却在铁轨上飞速前进。

如果史蒂芬孙当时因为火车的失败而灰心,那么哪来的今天高速飞驰的火车?正因为他坚持自己的决定和不怕失败的精神,才使他成为火车发展史上的奠基人。

在一个优秀员工眼中，失败并不是一件非常可怕的事，并不是一个让自己永远无法获得成功的恶魔。他们认为，失败是一个人走向成功的必经之路，只要坚持自己的决定，不怕失败，鼓起勇气奋勇向前，就没有解决不了的问题，就没有战胜不了的困难。

5

勇往直前，但不鲁莽行事

敢想敢做是成功者的特质，一个敢想敢做的人一定能获得成功。但这个敢想敢做并不是指不切实际地盲目去做，鲁莽行事，很多失败的人虽然具备敢想敢做的成功者特质，但就因为制定了不切实际的目标，或者一些自身能力根本做不到的虚幻理想，最终白白浪费了宝贵的时间，一无所获。一个真正的优秀员工，一定是一个既敢想敢做又脚踏实地，不鲁莽行事的人。

一位年轻人大学毕业后，曾豪情万丈地为自己树立了许多奋斗的目标。可是几年下来，他一事无成，所以满怀烦恼地去找一位智者倾诉。

当他找到智者时，智者正在河边的一间小屋里读书。智者微笑着听完年轻人的倾诉，对他说："来，你先帮我烧壶开水！"

年轻人见墙角放着一个很大的水壶，旁边是一个小火灶，可是周围却没有柴禾，于是便出去捡。

他在外面捡了一捆枯枝回来，从河里装满一壶水，放在了灶台上，堆放了些柴禾便烧了起来。可是由于水壶太大，一捆柴禾烧尽了，水也没有烧开。

于是，他跑出去继续捡柴禾，等捡到足够的柴禾回来时，那一壶水已经凉得差不多了。这回他变得聪明了，没有急于点火，而是再次出去捡了很多柴禾，由于柴禾准备得充足，一壶水不一会儿就被烧开了。

这时，智者忽然问他："如果没有足够的柴禾，你该怎样把这壶水烧开？"年轻人想了片刻摇摇头，智者说："如果那样，就把壶里的水倒掉一些！"

年轻人若有所思地点了点头。"你一开始就踌躇满志，树立了太多的目标，就像这个大壶装的水太多一样，而你又没有准备足够多的柴禾，所以不能把水烧开，要想把这壶水烧开，你或者倒出一些水，或者先去准备足够多的柴禾！"

年轻人顿时大悟。回去后，他把原来计划中所罗列的不切实际的目标一个个删掉，利用业余时间刻苦学习相关的专业知识，两年之后，他的计划目标基本上都实现了。

这个年轻人本是一个有理想，有抱负，敢想敢做，勇往直前的人，但却因为一个没有注意到的失误，让他多年的努力最终毫无收获，这个失误就是他制订的理想不切合实际，不符合自己的真实情况。虽然他最后领悟到了如何才能将理想变为现实的真谛，但已经牺牲了多年的宝贵光阴，这种代价是得不偿失的。一个人为一个不切实际的理想再怎么努力奋斗，也只能事倍功半，白白浪费宝贵的青春。

不得不承认，理想对一个人来说很重要，理想不仅是指引一个人走向成功的坐标，更是一个人实现成功的过程中不可缺少的力量源泉。因为只有一个有理想的人才会有勇气，才会有干劲。理想对一个人来说是不可替代的，一个人没有理想就不可能获得成功。然而，符合实际的理想才可以成就一个人，而不切合实际的理想则会起到相反的作用，它会把一个人与成功的距离拉得越来越远。

在我们的日常工作中，经常有一些员工刚参加工作就给自己定了一个宏伟的目标，譬如一个月内成为优秀员工，半年内成为部门主管，一年内成为经理。但这些人到头来的结果是什么样呢？他们往往是一事无成。因为他们制订的理想根本没有从自身的实际情况出发,所以在实现的过程中遇到了许多自身无法承受和无法解决的困难,在一次次的打击下,他们不但没有实现理想,还因此丧失了那份追逐理想的热情和自信。

谁都明白这样一个道理,我们不可能想要什么就会马上有什么,想成功就能马上成功,很多事情都是我们能想,但却没有能力实现的。因为很多情况下我们条件和能力不能实现那些伟大的理想,如果还坚持一意孤行,最后只能是劳而无功。而一个真正能够成功的人一定是主动放弃海市蜃楼般的远大理想,而为自己设立了一个符合自身实际情况的目标,只有这样的人才能真正将成功握在手中。

法国有位少年叫皮尔,他从小喜欢舞蹈,他的理想是当一名优秀的舞蹈演员。可事与愿违,因家庭贫穷,他无钱去那思念已久的舞蹈学校上学。10岁时,皮尔就被父母送到一家缝纫店当学徒工,每天工作十几个小时。皮尔伤心极了,不只是厌恶这项工作,更因为他觉得自己是在虚度光阴,不能实现自己的理想。他甚至认为,与其这样痛苦地活着,还不如早早地结束生命。

绝望中的皮尔突然想起了他从小就崇拜的、有着"舞蹈之父"美誉的布里。皮尔觉得布里能够"救"他,于是便给布里写信,希望布里收下他这个学生。在信的最后,他写道:"尊敬的布里先生,如果您不收我这个学生,如果一周内我没接到您的回信,我就跳河自尽,为艺术献身。"

过了几天,皮尔收到了布里的回信。激动万分的皮尔满以为布里会被他的执著精神所打动而收下他这个学生,但皮尔拆开信后,没有看到布里答应他的请求的字句。

布里在信中讲述了他的人生经历——布里小的时候,想当一名科学家,可因为无钱上学,只得跟一个街头艺人过起了卖唱的生活……

在信中,布里还告诉皮尔:人生在世,现实往往与理想不合拍。人首先要选择生存,只有好好地活下来,才能让理想或者新的理想之星闪闪发光。一个连自己的生命都不珍惜的人,是不配谈理想的。

布里的回信,好像一场大雨,让头脑发热的皮尔在清凉的雨水中猛然惊醒。

从此,皮尔认真学习缝纫技术。几年后,年轻的皮尔便创建了自己的服装公司,由学徒工成为老板。他的公司用他的名字来命名,公司的服装品牌也用他的名字来命名。他的名字全称是"皮尔·卡丹"。改变了理想的皮尔一心扑在服装设计与经营上。在他和员工的努力下,皮尔·卡丹公司发展迅速,服装销往世界各地,皮尔·卡丹成为了举世闻名的商标。皮尔也因此成为亿万富翁、世界名人。

如果当初皮尔一意孤行,一直向着舞蹈演员的梦想努力的话,我们现在也许就见不到著名的服装品牌皮尔·卡丹了。可见,无论哪个成功者或者优秀员工,他们一定具备敢想敢做的特质,但更具备不鲁莽行事的做事风格,他们往往会脚踏实地,给自己制订一个切合实际的目标,一步一步地向伟大的成功靠近。

6

把立即行动当成一种工作习惯

如果我们仔细观察,就会从许多成功者和优秀员工身上看到一个共同习惯,就是立即行动。同样,我们也会观察到一些失败者的身上也有一个共同习惯,就是拖延。正是因为这些失败者少了立即行动的习惯,所以他们才总沦为失败者,永无出头之日。就像这位国王一样:

一位国王做事喜欢拖延。有一次他收到一封潜伏在敌国的间谍发回来的情报。他没有把情报拆开，而是随手放在了餐桌上，心想：明天再处理吧！第二天，在吃早餐的时候他看见了那封紧急情报，仍然觉得没有什么大不了的事，等会再说。于是先让侍臣为他斟上了一杯香醇的美酒。喝完之后，他才慢慢拆开信封。看完信，他立刻跳了起来。原来上面说：国王的侍臣中有间谍，他接到毒杀国王的命令。国王想召集侍卫，可是已经太晚了，鲜血从他的嘴角流下来，他刚才喝的正是那杯毒酒。

不难看出，国王之所以最后被毒死，就是因为他没有立即行动的好习惯，总是喜欢拖延，所以才导致他最终悲惨的结局。

在我们的现实工作中，不乏有很多员工都拥有雄心壮志，但最终能成为优秀员工的却寥寥无几，大部分员工仍然过着只能满足温饱的生活。造成这种现象的原因很简单，这些员工犯了和上述那个国王一样的错，总是喜欢拖延，总是想着不着急，过一段时间再做也一样。谁知道，就是因为他们这一等，成功的机会已经稍纵即逝。

在工作中，一些员工总是这样说："不着急，再等会吧"，"明天再说吧"，"一会就去做"。正是这种习惯把要做的事往后推的习惯，让他们原本很容易完成的工作在不经意间越积越多，最后往往需要花费更多的时间和更大的精力才能完成，甚至还会有忙中出错的情况发生。这样的员工就是没有一种立即行动的好的工作习惯，他们从来没有一个系统的工作计划，总是认为时间很充裕，不必急于一时。但他们不知道，他们的时间其实并没有那么充裕，因为一个员工每天的工作内容都不同，每一天随时都会有全新的工作到来。如果一再遗留以前的工作不做，那么等到你的工作堆积到不能再堆积时，你便会对繁重如山的工作应接不暇，顾此失彼，最终把工作搞砸。他们不知道，一名真正能够得到老板信任和欣赏的员工，一定是"今日事今日毕"，有工作就立即行动，绝不拖延的员工。

还有一些员工似乎已经把拖延当成了一种习惯，认为不按时完成工作是一件很正常的是，如果有领导问起他们为什么没有按时完成工作的话，他们会脸不红耳不赤地说出各种各样的借口，比如情绪不好、状态不对、工作环境的影响，等等。总之，他们不喜欢去做麻烦的工作，只喜欢去做自己喜欢做的,而且还很轻松的工作。殊不知,借口是拖延的温床,借口使他们工作的出发点发生了扭曲,使他们越来越做不好工作,因此他们也从来不会有好的下场。

　　某一天,一个大公司的部门经理准备到办公室着手拟定下年度的部门工作计划。他9点整走进办公室,突然想到不如先将办公室整理下,以便在进行重要的工作之前为自己提供一个干净与舒适的环境。他总共花了30分钟的时间,瞬间他的办公环境变得干干净净。于是他面露得意神色,随手点了一支香烟,稍作休息。此时他无意中发现杂志上的彩色图片十分吸引人,便情不自禁地拿起来。

　　等他把杂志放回书架上,已经10点钟了。此时他略感时间流逝的不自在,不过,欣赏欣赏也是一种生活的调节呀!这样一想,他才稍觉安心。接着,他静下心来正准备埋头工作。

　　就在这个时候,手机响了,那是女朋友的电话,于是他毫不犹豫地聊了一阵。他感到精神奕奕,满以为可以开始致力于工作了。可是,一看表,已经10:45!距离11:00的午餐只剩下15分钟。他想:反正这么短的时间内也办不了什么事,不如干脆把计划内的工作留待下午算了。

　　谁知道,就在这位经理荒废了一个上午的时候,正准备下午开始拟定工作计划时,总经理来到他的办公室,打算与他商量一下工作计划,但他却吞吞吐吐,无法拿出一个字的计划书。看到这种情况,总经理很是恼火,虽然工作计划不急于现在一时,但他深知,一个不喜欢立即行动,总喜欢拖延的人永远不可能为企业做出什么重大贡献,经过深思熟虑,他终于将这位经理开除出了公司。

可见,拖延是一个员工做好工作的最大阻碍,是拖延让那个部门经理在生活和工作中忙乱不堪,更是拖延让他失去在工作和事业上成功的机会。真正的优秀员工,一定是一个高效的执行者。他们做事从不拖延,在工作中,他们知道自己的职责是什么,知道自己每天的工作是什么,知道自己一小时甚至是一分钟该完成什么。他们会把自己的工作安排得井井有条，今天的工作决不能留给明天，一定要做到"今日事今日毕"。

许多成功人士都曾说过这样一句话，"成功的秘诀在于形成立即行动的好习惯，而成功的克星在于总是喜欢拖延的坏习惯。一个人要想成功，一定要养成立即行动的好喜欢，坚决克服拖延懈怠的坏习惯。"对于一个员工来说，没有什么恶习比拖延更可怕，更没有什么恶习比拖延能使他懈怠和降低工作能力。然而，拖延的恶习并不是无药可治，医治拖延这个恶习的最有效的办法就是立即行动。

有一位勤奋的艺术家，他为了不让任何一个脑海中突然蹦出来的灵感流失掉，在他产生新的灵感时，他会立即把它记录下来，即使是在深夜，他也会这样做。虽然有人曾经不止一次地问这个艺术家是如何做到每晚只要一有灵感就会马上记录下来，难道不嫌麻烦和累吗？但这个艺术家却说道："我没觉得有多难，因为我已经养成了这样做的习惯。"

一个真正的优秀员工就像这个艺术家一样，拥有立即行动的工作习惯，他知道只有这样才能让每一个成功的机遇都不会从身边溜走，只有这样才能在工作中作出一番别人望尘莫及的成绩。

第七章　比谁都明白独木不成林的道理

　　优秀员工比谁都明白独木不成林的道理。他们在工作中从不彰显个人主义，从不特立独行，因为他们心里很清楚，一个人的力量再大也是有限的。众人抬柴火焰才能高。只有全体员工齐心协力才会战胜所有困难，才会使企业快而稳定发展。因此，他们主动融入集体中去，帮助能力欠缺的员工，向优秀的员工学习，和团队一起走向成功。

1

"独行侠"时代已经远去

曾经的世界首富保罗·盖蒂曾经说过这样一句话："我宁可用 100 个人的百分之一,也不要用一个人百分之百。"保罗·盖蒂正是代表了所有的企业和老板给那些总是喜欢当"独行侠"的员工一个最有力的警告,任何一家企业和老板永远不会聘用一个总是喜欢彰显个人英雄主义的员工,因为他们很清楚,无论一个员工的学识再丰富,能力再优秀,他也不可能一个人就撑起整个公司,他们真正需要的是一个懂得合作,知道只有依靠团队力量才能取得真正成功的员工。

在我们周围,总是有一些员工认为自己的能力高超,无人能及,不喜欢与其他员工合作,觉得自己一个人就能让企业不断发展壮大,走向更加辉煌的明天。可事实真如他们想象的一样吗?

有一位管理专业研究生,在他毕业后的三年里,走马灯似的换了好几个单位,但每次都会因为这样那样的原因待不下去,最后只好辞职。为什么会这样呢? 我们看一下他的工作经历:

这位研究生毕业后便开始找工作。刚开始时,应聘单位一听说他是研究生毕业,都争相聘请他。于是,他选择了一家不错的单位。但刚到单位第一天,他就颇为不满,因为没有人接待他,领导只让一位同事帮他安排了住宿。他有种受冷落的感觉,心中有些愤愤不平,觉得自己一个研究生,单位居然一点都不重视。

带着这种情绪开始工作,自然就免不了处处挑剔。这样一来,手中的工作迟迟做不出什么实质性的成果。三个月后,单位对他的态度急转直下。因为没有创造出价值,领导对他的能力产生了怀疑。

不仅如此,因为过于骄傲、不合群,同事也疏远他,不愿和他一起做事。单位只好将他另外安排到新成立的分公司当经理。这家公司是和别人合作,对方出技术,他们公司出钱。可在双方合作中,他的态度始终非常高傲。他认为那样的技术很平常,哪里都找得到,常常流露出瞧不起对方的样子。最后,双方的合作没有成功,大家不欢而散。分公司也因为他管理不善,没有创造效益而被撤销。这样一来,他自然也被公司辞退了。

他又到了另外一家公司当部门经理。吸取了上次的教训,这次他表现得对谁都很客气,但从骨子里还是谁也瞧不起。抱着这样的心态,他自然不久又被辞退了。

之后,他又去过几家单位,但每次都是大同小异,过不了几个月就被辞退。

后来,在跟一位职业咨询师交流后,他幡然醒悟。从那以后,他对自己来了一个彻底的"空杯",一改过去高高在上的个性,也没有了怨天尤人的情绪。

现在,他已经是一家公司的部门经理,成了一个不仅在本单位,而且在方方面面都很受欢迎的中层管理者。

有很多这样自视清高的人,总以为自己毕业于名牌大学,能力超群,不屑与别人为伍,不愿意与别人合作,但到头来的结果是不但没做出好的工作成绩,甚至连一个稳定的工作都没有。不过这个员工是幸运的,因为他最后终于明白了无论自己的能力多么优秀,但只靠自己一个人的力量永远做不好工作和获得更大的成功,唯有真诚地与别人合作,才能充分发挥自己的潜力,展现自己的价值。

在我们的工作中,总是会出现许多意想不到的问题,这些问题来的突然,来的陌生,甚至能让一些经验丰富的员工都应接不暇。这就说明,无论是一个多么有能力的员工,你总会遇到自己无法解决的工作问题,总会遇到自己一个人攻克不了的难题。这个时候,只有把自己的心态归零,把自己的身份降低,你解决不了的问题,总会有人知道怎么解决,总会有人就善于解决你解决不了的问题,俗话说"三个臭皮匠,顶个诸葛亮",你应该真诚地向其他人请教和学习,真诚地与其他人合作,只有这样才能做出一番好的工作成绩。

在一堂课上,老师先请一位同学走上讲台,让他伸出自己的手,分别谈一下每根手指头的优势和长处。这位学生说道:"大拇指可以用来赞扬别人,食指可以用来指示事物,小指可以用来勾东西,中指可以……"不等这位学生说完,台下的学生纷纷帮他说了许多每个手指的其他优势。

这时,老师笑眯眯地拿出一只玻璃杯,只见玻璃杯里面有几个玻璃球。老师对大家说:"现在,请你们把玻璃球从玻璃杯里取出来,每个同学都有一次机会。你们可以用你们认为最有本事的那个手指把玻璃球从杯子里取出来!记住,只能用一个手指。"

孩子们的热情被老师鼓舞起来了,教室里的气氛非常热烈。每个同学都认真地走上去,用他们的手指去取玻璃球,但是,不管他们怎么努力,玻璃球就是取不出来。孩子们个个很着急。

这时,老师再次对孩子们说:"好了,你们可以邀请另外一个手指与原来那个手指合作,一起来取玻璃球。"这次,孩子们个个把玻璃球取了出来。

活动做完了,老师对孩子们说:"现在你们应该明白了,一个人无论有多大的才能,他总有无法独立完成的事情,应该懂得真诚地与别人合作。"

一个真正的优秀员工,他无论能力有多强大,无论有多么丰富的工作经验,也一定会放下自己的高身段,无论做什么工作都不居高自傲,特立独行,而是真诚地与其他人合作。这样的员工才能做出一番优异的工作成绩,才能得到同事敬仰和老板的重用,才是真正对企业长远发展最为有用的员工。

2

合作时代已经来临

说到"诸葛亮",相信无人不知,无人不晓,人们已经把他看成了智慧的化身,看成了最聪明,最有谋略的人。然而,就是这么一个最聪明,最有谋略的人,最后却也没能帮助蜀国统一天下,蜀国还是难逃第一个灭亡的命运。究其原因,只要对历史熟悉的人应该都知道,这是因为诸葛亮没有一个强有力的团队,很多事都需要诸葛亮亲力亲为,一人难敌四手,独木何以成林?就算诸葛亮本领再大,一个人也绝不可能撑起一片江山来。在当今社会,一个人就算有十个诸葛亮的能力,也不可能获得成功,唯有与别人合作,才能有一番大作为,因为"独行侠"的时代已经一去不复返,合作致胜的时代已经来临。

我们每个人都有目共睹,当今时代是一个经济迅猛发展的时代,是信息与知识爆炸的年代,在这个时代中,各种知识各种技术不断推陈出新,竞争日益激烈,社会需求也越来越多样化。在这个社会中,一个员工无论有多大能力也很难处理工作中遇到的所有问题,一个真正做出一番优异的工作成绩,获得老板青睐的优秀员工,除了自己的勤奋努力外,更少不了还要具有与他人合作共事的精神。正所谓"合作是金",无论一个员工多么有能力都需要与别人合作才可能取得成功。

对于一个员工来说,不是什么时候坚持万事不求人都会有好果子吃,不与别人合作只会吞下自我封闭的苦果。只有团结一致,紧密协作,才能走向真正的成功。懂得合作对每个员工来说都是一种最有效的生存技能,更是一种比知识更重要的能力,一个员工可以能力欠缺,可以没有工作经验,但只要懂得合作,就一定能弥补这些不足,迅速迎来成功。

不止对员工,对一个领导着来说,懂得合作同样很重要。作为一名领导者,一定要学会调动组员的积极性、凝聚他们的向心力,把部门工作做得更好、更出色。如果领导者什么事都亲力亲为,或者自己一个人全盘包办,或者自己全都设计好了,只是让下属员工按照自己的思维去工作,把员工当成一个只能用来支配的机器,那到头来的结果自然会引起有思想、有主见、有智慧的组员的不满,从而导致领导者与员工合作气氛不融洽的局面。俗话说,单丝不成线,独木不成林。对于一个领导者来说,无论你一个人有多大的本事,企业不可能只靠你一个人就能盈利,就能长久生存下去,如果你不懂得与同事合作,企业将永远得不到长远发展。

合作对一个人很重要,合作对一个领导也很重要,合作对组织来说同样必不可少。世界著名飞机协和客机的生产正是通过合作分工完成的。它的每一个部件,大到机翼,小到起落架上的一颗螺丝,都是由不同国家的专业部门分别制造的。最后再将不同的部件组装,一架协和机才算上了天。由此可见,合作不仅对一个人来说很重要,对一个企业,哪怕是对整个世界来说,懂得合作都是一个永远能保持成功的重要秘诀。

优秀员工都有一双雪亮的眼睛,他们能看到"独行侠"的时代已经过去,合作的时代已经来临。正因为如此,他们放下了优秀员工的架子,真诚地与每一个同事合作,所以他们才取得了只靠自己无法获得的更大的成功,在老板心目中的地位不断攀升。

3

没有人能独自成功

无论一个多么优秀的人,无论一个多么才华横溢的人,如果少了别人的帮助,他们同样不能获得成功。从著名画家阿尔勃累喜特·丢勒的生平经历中我们能正确地看到这一点。

15世纪,在纽伦堡附近的一个小村子里住着一户人家,家里有18个孩子。光是为了糊口,一家之主、当金匠的父亲丢勒几乎每天都要干上18个小时。

尽管家境如此困苦,但丢勒家年长的两兄弟都梦想当艺术家。不过他们很清楚,父亲在经济上绝无能力把他们中的任何一人送到纽伦堡的艺术学院去学习。

经过夜晚床头无数次的私议之后,他们最后议定掷硬币,输者要到附近的矿井下矿四年,用他的收入供给到纽伦堡上学的兄弟;而胜者则在纽伦堡就学四年,然后用他出卖的作品收入支持他的兄弟上学,如果必要的话,也得下矿挣钱。

在一个星期天做完礼拜后,他们掷了钱币。阿尔勃累喜特·丢勒赢了,于是他离家到纽伦堡上学,而艾伯特则下到危险的矿井,以便在今后四年资助他的兄弟。阿尔勃累喜特在学院很快引起人们的关注,他的铜版画、木刻、油画远远超过了他的教授的成就。到毕业的时候,他的收入已经相当可观。

当年轻的画家回到他的村子时,全家人在草坪上祝贺他衣锦还乡。音乐和笑声伴随着这顿长长的值得纪念的会餐。吃完饭,阿尔勃累喜特从桌首荣誉席上起身向他亲爱的兄弟敬酒,因为他多年来的牺牲使自己得以实现理想。"现在,艾伯特,我受到祝福的兄弟,应该倒过来了。你可以去纽伦堡实现你的梦,而我应该照顾你了。"阿尔勃累喜特以这句话结束他的祝酒词。

为了报答艾伯特所做的牺牲,阿尔勃累喜特·丢勒苦心画下了他兄弟那双饱经磨难的手,细细的手指伸向天空。他把这幅动人心弦的画简单地命名为《手》,但是整个世界几乎立即被他的杰作折服,把他那幅爱的贡品重新命名为《祈求的手》。

我们承认阿尔勃累喜特·丢勒很有才华,可以说是一个画画的天才,但我们更要承认,阿尔勃累喜特·丢勒的成功并不是仅靠他一个人就能获得,要是没有他哥哥的帮助,他绝对不可能成为一个知名画家。其实对任何人来说都一样,无论你是才华横溢,能力优秀的成功人士,还是各方面都很欠缺的普通人,都不可能独自获得成功,如果你想有一番大作,想获得成功和伟大的成就,绝对离不开别人的帮助。

现代社会是一个高度专业化又高度复杂的社会,合作精神越来越重要的社会。在这个社会中,一个不懂得与别人合作的员工,将永远无法走进成功的殿堂。正所谓团结起来力量大,一个人的力量永远是有限的,只有与别人合作才能做出一番大事。

著名美国企业家和成功学家戴尔·卡耐基说过:"一个人的成功,只有百分之十五是由于他的专业技术,而百分之八十五则要靠人际关系和他的做人处世能力。"无独有偶,美国卡内基工业大学的一个研究小组,曾向人生中有过失败经历的一万个人提过同样一个问题"您认为您失败的原因在哪儿?"结果,仅有 15% 的人回答是因为专业技术或者知识不足,而其他 85% 的人都回答是因为人际关系处理不当所致。实际上,现实生活中遭遇的各种问题有 80%～90% 是因为人际关系失败所引起的。同样,斯坦福研究中心的一份调查报告称,一个人想赚钱,12.5% 来自知识,87.5% 来自人脉。

通过这些真实的资料我们可以看出,一个人能否成功的关键因素不是这个人有没有高超的能力,而是有没有一个好的人脉关系,其实这里的人脉关系潜意识里就是指与人交流,与人合作。但话又说回来,难道一个人就真的不能独自获得成功吗？其实，一个人不用他人帮助也能获得成功，但这种成功只是偶然的，或者只是一时的。一时的成功有的时候很容易，但最难的是永远都能获得成功。一个人要想永远获得成功，离开别人的帮助是根本不可能的，特别是在当今信息化、开放化的时代，一个员工要想在工作中做出一番好成绩，没有别人的帮助是根本无法实现的。

在当代，许多企业和老板也非常看重那些懂得合作的员工，哪怕这些员工没有什么过人的工作能力，哪怕这些员工的学历不高，但只要懂得与别人合作，他们一样会对其另眼相看，委以重用。相反，如果是一个不懂得与他人合作的员工，即使这个员工再有工作能力，学历再高，他们也会迅速将其开除出公司，甚至在面试的时候就将其拒之门外。

哈米尔公司招聘新员工时非常看重面试成绩。面试的考题其实不难，但能通过的人却总是寥寥无几。

2003 年 7 月 13 日，公司又进行了一次与众不同的面试。主考官在每个人的桌子上放了一叠厚厚的文件和一个夹子，向面试者说："请在 5 分钟之内用桌子上的夹子将文件夹好。"

这简直太容易了。大家都这么想。主考官话音刚落，面试者们便迫不及待地用手拿起夹子，试图尽快将这些文件夹好。让他们没有想到的事情发生了，夹子又大又硬，一只手根本按不开，如果用两只手按，则又没办法拿住文件。

一分钟过去了，两分钟过去了，刚才的窃喜早已荡然无存，面试者开始焦躁不安，有的人甚至提前放弃努力。5 分钟后，主考官宣布面试结果，只有 4 位面试者通过了面试。原来，面试过程中，他们四人迅速分成两组，每组中都有一人将文件在桌子上排列整齐，然后用两只手紧紧握住文件一端的两角，而另一人则用两只手将夹子按开，然后夹好文件。不到一分钟，4 本厚厚的文件就整齐地夹好了。

其实大自然就是一个最懂得合作生计的标本，我们应当向大自然学习合作的道理。

美国加州有一种植物叫红杉，其高度大约 90 米，相当于 30 层楼以上。一般来说，自然界的规律是"根深叶茂"，越是高大的植物，它的根理应扎得越深。但科学家研究发现，红杉的根只是浅浅地浮在地面而已。理论上，根扎得不够深的植物，是非常脆弱的，只要一阵大风，就能将它连根拔起，红杉如何能长得如此高大，且屹立不倒呢？经进一步研究发现，红杉的成长环境，必定是一大片红杉林，并没有独立的红杉。这一片红杉，彼此的根紧密相连，一株接着一株，结成一大片。自然界中再大的飓风，也无法撼动几千株根部紧密连接、占地超过上千顷的红杉林。

可见，在这个世界上，没有任何生物能独自获得成功。优秀员工就是清楚地看到了这一点，所以他们从不居高自傲，从不会看不起别的员工，总是抱着一种虚心的态度向别人学习，并真诚地与别人合作。正因为如此，他们才永远都会有很好的人缘，永远都能解决别人解决不了的工作难题，永远都是老板最喜爱的员工。

4

融入团队才有发展

雷锋曾经说过这样一句话："一朵鲜花打扮不出美丽的春天，众人同心才能移山填海。"雷锋说得非常正确，尤其是在当今社会，一个人不管力量有多大，但终究是有限的，只有很好地融入团队，借助团队这个大平台才能充分发挥自己的价值，才能获得更大的成功。正如一句话所说："永不没有完美的个人，只有完美的团体！"

有一位名人这样说道："个体在群体面前永远是渺小的，无论这个个体是多么的强大和优秀。"同样,一个员工如果不懂得融入团队,哪怕他的能力再优秀,也必将没有什么大作为。企业管理培训师红智博教授认为,真正强大的员工是懂得融入团队的员工。那些所谓的"各扫门前雪"的员工,其实是思想认识上产生了一个误区,并不是只要你一个人做好了整个企业就会变得强大,如果其他员工有一个没做好,那么这个企业都强大不起来。

心理学家荣格曾列出一个公式:I＋We＝Full I,其实这句话得直白意思就是说,一个人只有把自己融入到大集体中,这个人才能最大限度地展现自己的价值,才能获得成功。

看来,作为一名员工,只有把自己真正融入企业的团队,从团队利益的角度去考虑问题,从团队利益的角度去做事情,才能有一番作为,才能为整个团队做出贡献,才能帮助企业发展得越来越壮大,进而实现自身的成功。一个真正优秀的员工,不是那些能力强的员工,而是懂得在团队找到正确的位置并且发挥自己能力的员工。

查尔斯是一家营销公司的优秀营销员。以前,他所在的部门因为团队工作的精神十分出众,从而使得每一个人的业务成绩也特别突出。后来,这种氛围被查尔斯破坏了。

事情是这样的,公司的高层把一项重要的项目安排给了查尔斯所在的部门,虽然查尔斯的主管反复斟酌、考虑,但是最终没有拿出一个可行的工作方案。与此相对的是,查尔斯有了对这个项目十分周详而又容易操作的方案。为了表现自己,他没有与部门主管商量,更没有向他贡献出自己的方案,而是越过了他,直接向总经理说明自己愿意承担这项任务,并向他提出了可行性方案。

查尔斯的这种做法,严重地伤害了部门经理的感情,破坏了团队精神。结果,当总经理安排他与部门经理共同操作这个项目时,两个人在工作上不能达成一致意见,产生了重大的分歧,导致团队内部出现了分裂,团队一盘散沙,再加上外部的全球性经济危机，项目最终也泡汤了。之后，查尔斯第一个被裁员。

在当今社会，一个不懂得融入团队，总是认为自己的能力高超，可以以一敌十的员工，往往做不出什么让老板惊讶的成绩，还有可能因为破坏企业内部员工的团结问题而被企业辞退。

深圳托普理德企业管理顾问有限公司董事长谭兆林就曾经遇到这样的问题：在他的公司里有一个员工，工作能力很强，但目中无人，不能和同事很融洽地相处。

这个员工曾经找到谭兆林来谈话，他说："谭总，我想问你一个问题。那就是如果我离开了，真的离开了你，离开了公司，你难道一点都不会心痛吗？"

谭先生认为，这是很有挑衅性的话，那个员工希望知道自己到底怎么看他。

于是谭先生回答说："是的，我会非常得难受，因为我将失去你这样一个非常有能力的人，一个能为我创造绩效的人。但是如果你伤害到我的团队，我一定会让你离开。"

一个不懂得融入团队才能有大作为的员工，即使他的能力比得上普通员工的十个，也没有一家企业愿意重用他。

"神奇教练"米卢在分析中国媒体吹捧的自家某位"球星"时，曾这样说道："按照他的个人素质，也许能成为世界级的球员，可惜他还欠缺与队友配合的意识，他不能融入到整个队伍中，也就是说，他不是一个能够为团队做出贡献的球员！"米卢说的很对，一个能力突出但却不懂得融入团队的员工，也许会成为技术优秀的员工，但这样的员工永远不能为整个企业这个大团队做出贡献。我们试想，一个不能为企业做出贡献的员工，企业也就失去了留他的任何原因，最终只能把他开除掉。

微软公司在做产品研发时，有超过三千多名开发工程师和测试人员参与，正是这些员工的共同努力才写出了5000万行的代码。如果这些员工不把自己融入团队，只知道单枪匹马地做事，那么微软公司能有今天的成就吗？真正的优秀员工，一定是不管自己的能力有多么的出众，也会选择把自己融入进公司的大团队的员工,这样的员工才能在企业中有更加光明的未来。

5

不在乎当上的是配角

凡是美艳的花朵都有绿叶的陪衬,凡是好看的戏都是主角和配角的完美配合。也许绿叶没有红花显眼,也许配角没有主角重要,但那又有什么关系?因为红花和绿叶是一个整体,主角和配角都有才能成戏。所以优秀的员工从不会在乎自己是主角还是配角、他们在乎的是团队的胜利。优秀员工始终认为,降低自己,抬高别人,往往能大程度地赢得别人的真心相待,而只有赢得别人的真诚,别人才可能支持自己,帮助自己。

但是,在我们的日常工作中,总有一些员工无论做什么事情都喜欢争着抢着当主角,总是想在别人面前表现自己,总是想让领导看到自己是多么的有能力。为达到此目的,他们不惜一切手段的与其他员工竞争,譬如在背后说某些员工的坏话,笼络一些员工针对性地排挤某些员工;或在一些和其他人合作后获得的功绩面前表现出一种强烈的自私心理;总是在领导夸奖的时候抢风头,说做出这么好的工作成绩自己出的力最大,自己的贡献最多。其实这样做不仅并不能为他们真正抢到风头,成为主角,反倒会失去其他员工的信赖,慢慢地被其他员工孤立,遇到工作困难,渴望得到别人帮助时却没有任何人愿意帮助他们,最终落得被企业淘汰的结局。相反,如果他们能像刘邦一样,无论与任何人共事都抱有一个甘愿当配角的心态,那么何愁得不到其他员工的真诚相待,何愁遇到困难没有人愿意帮助,何愁不能有一番作为。

公元前202年，刘邦在洛阳南宫举行盛大酒会上，对诸臣将帅谈论得天下之道时说："运筹于帷幄之中，决胜于千里之外，吾不如张良；镇国家，抚百姓，给馈饷，不绝粮道，吾不如萧何；连百万之众，战必胜，攻必取，吾不如韩信。"

刘邦就是因为做到在他的下属面前没有争着抢着当主角，而是贬低自己，抬高别人，自愿当配角，所以才使他赢得了下属的忠心，进而帮助他成就了一番霸业。职场上也一样，不在乎当上的是配角的心态对一个员工赢得同事的真诚相待和真心帮助很重要，更是其做出好业绩的重要原因。

一个真正的优秀员工，他从来不会在乎自己当上的是主角还是配角，无论在任何时候或者得到任何荣誉都不会争先抢后，独享其成。而是把出风头的机会主动让给别人，在成绩面前，他们会主动抬高别人的功劳而降低自己。虽然大多数员工看来，优秀员工这种做法很傻，但事实上，他们是最聪明的人，正是因为他们甘当绿叶，却换来了后来的所有同事的爱戴和帮助，换来了后来的伟大成功。

6

帮助别人的同时也是帮自己

优秀员工始终坚信，真诚地帮助别人就是帮助自己，帮助别人的最大受益者并不是被帮助的人，而是真诚地伸出援助之手的人。关于优秀员工为何有这种看法，下面这两个故事也许会给我们一些提示。

第一个小故事：

在一场激烈的战斗中，一名军官忽然发现一架敌机朝阵地俯冲下来。照常理，此时应该毫不犹豫地就地卧倒，但他发现离他四五米远的地方有一个战士还愣在那儿。他顾不上多想，一个鱼跃飞身将战士扑倒并紧紧地压在了身下，此时一声巨响，飞溅起来的泥土纷纷落在他们的身上。这名军官拍拍身上的尘土，抬头一看，顿时惊呆了：自己刚才所处的位置被炸弹炸了一个大坑。

第二个小故事：

从前，有两兄弟各自带着一只行李箱出远门，一路上，重重的行李将兄弟俩压得喘不过气来。他们只好左手累了换右手，右手累了又换左手。忽然，哥哥停下来，在路边买了一根扁担，将两个行李箱挂在扁担上。他挑起两个箱子上路，反倒觉得轻松了许多。

军官和哥哥看似是帮助了士兵和弟弟，但其实也是在帮助他们自己。可见，优秀员工才是聪明的员工，因为他们看到了帮助别人并不会让自己吃亏，而是为自己获得成功添砖加瓦。

可在现实工作中总是有一些员工没有意识到这一点。他们看到其他同事在工作中或者生活中遇到困难后，不是抱着事不关己，高高挂起的态度，就是在一旁冷嘲热讽，落井下石。这样的员工到头来的结果是，并没有因为没有帮助其他员工而得到了什么好处，相反，他们因为没有帮助别人而让自己陷入窘境。

有一天，辛格和一个旅伴穿越高高的喜马拉雅山脉的某个山口，他们看到一个躺在雪地上的人。辛格想停下来帮助那个人，但他的同伴说："如果我们带上他这个累赘，我们就会丢掉自己的命。"但辛格不能想象丢下这个人，让他死在冰天雪地之中。当他的旅伴跟他告别时，辛格把那个人抱起来，放在自己背上。他使尽力气背着这个人往前走。渐渐地辛格的体温使这个冻僵的身躯温暖起来，那人活过来了。过了不久，两个人并肩前进。当他们赶上那个旅伴时，却发现他死了——是冻死的。

这就是一个不喜欢帮助别人的人的最终下场。无可厚非，一个人不帮助别人可能在大多数情况下都不会有什么坏影响，因为那必定不是分内的事，不会影响到自己。但我们不得不承认，在某些特殊时候，我们主动帮助别人的最后其实是在帮助我们自己，我们自己才是最大的受益者。

有时候，一个员工在工作中帮助那些有困难的同事，其实只是举手之劳，有可能在别人遇到困难的时候，恰恰是你闲着没事的时候，这个时候你主动帮助别人，不但让你的生活变得充实，而且还能从帮助别人解决难题的过程中增长一些平时工作中学不到的知识。很多情况下，帮助别人只是源于你对别人的一点点理解和一点点大度，但最终你能从这个举手之劳的举动中得到意想不到的收获，正所谓"赠人玫瑰，手留余香"。

有一年世界原油价格大涨，哈默的对手对东欧国家的石油输出量都略有增加，唯独哈默石油输出量明显减少，这让许多人非常不解。黑人记者杰西克·库思千方百计找到了哈默，就这个问题请教他。哈默说了一段让他终生难忘的话："关照别人就是关照自己。那些总想在竞争中出人头地的人如果知道，关照别人需要的只是一点点的理解和大度，却能赢来意想不到的收获，那他一定会后悔不迭。关照是一种最有力量的方式，也是一条最好的路。"

在物理学中有这样一个说法："力的作用是相互的。"这个道理用在人与人之间也再合适不过，在别人有苦难的时候，你帮助了别人，相反，当你有困难的时候，别人也会出手帮助你。从表面上看，你帮助别人是自己没事找事，多卖了力气和心思，但事实是，你有可能因为帮助了别人，而在后期得到别人加倍的回报。阿里巴巴总裁马云就曾经说道："帮助别人其实就是帮助自己。"

马云在一次采访中这样说道："从1999年创立阿里巴巴的时候，阿里巴巴18个创始人就相信我们会有钱。真正的有钱人把钱看的很轻，如果脑子里都是金钱，这个眼睛是美元，另一个眼睛是港币，没有人能把生意做大。你只有想着如何帮助别人做大,如何帮助别人制造钱,你自己才能长久,帮助别人就是帮助自己。"

马云是这样说的,也是这样做的,他的长远计划是,在未来几年里,阿里巴巴要建立一个平台,通过技术,通过规则,通过文明,通过新的商业游戏规则,去帮助所有小的小企业成长起来。他希望看到十年以后,没有外资和内资的区别,没有小企业和大企业的区别,没有国有企业和民营企业的区别,只有诚信与不诚信的企业区别,而这,才是一个真正的标准。虽然从表面上看马云是在为中小企业谋求利润,但我们能说马云的这些做法最终不会让自己受益吗?其实,他在帮助了别人的同时,也让自己从中得到了莫大的益处。

每一名优秀员工都深知,帮助别人其实就是在帮助自己。因为无论谁都会遇到困难,当别人遇到困难时,你主动帮助了他们,那么当你遇到苦难时,别人也会很热心的来帮助你。正因为这种良性互动的牵引,才有大家的共同成功。

7

集合所有人的力量,助自己成功

曾经有人采访比尔·盖茨他成功的秘诀是什么。比尔·盖茨这样回道:"因为有更多的成功人士在为我工作。"确实,无论是哪个成功人士还是优秀员工,都深知一个实现成功和做出好的工作成绩的秘诀,那就是与别人合作,集合所有人的力量帮助自己成功。比尔·盖茨就是因为非常明白这个道理,所以把自己只当成设计出微软这个平台的设计师,把许多具体落实的细节都切割成几千个模块分散到全球许多国家的几千名工程师去完成。正是比尔·盖茨这种集合所有人力量助自己成功的超强意识，才让他将微软公司发展得如此壮大。

在我们的周围，许多员工都不明白集合所有人的力量才能帮助自己更快更准确地获得成功的这个道理。他们因为自己能力突出，所以看不起其他的能力平平的员工，总是不喜欢与这些员工合作，总是喜欢特立独行。但他们不知，一个人无论能力有多大，他的力量也是有限的，仅凭自己的一人之力永远做不出什么大成绩。

还有一些这样的员工，他们既没有什么高超的能力，同时也不愿意和其他人合作，他们认为，如果与其他人合作做好一件事情的话，最终的荣誉还要被别人分走一半，自己也落不下多少，还不如自己一个人做事，这样无论成功与否，无论收获多少，都是自己的。其实这样的员工是最可悲的，长期抱着这种不与他人合作的态度，他们的能力将永远得不到提高，永远不会成为工作成绩突出的优秀员工。

著名哲学家威廉·詹姆士曾经说过："如果你能够使别人乐意和你合作，不论做任何事情，你都可以无往不胜。合作是一种能力，更是一种艺术。唯有善于与人合作，才能获得更大的力量，争取更大的成功。"不错，刘备之所以能创立蜀国，成为蜀国的开国皇帝，成就了他一直梦寐以求的霸业，正是因为他运用了集合了所有人力量助自己成功这个好办法。我们仔细分析一下，刘备其实并没有什么过人的能力，要勇猛不敌关羽、张飞，要智谋不敌诸葛亮的一半，但他却能把这些人集合到自己身边帮助自己，也正因为如此，他才最终获得了别人无法获得的成功。

放眼当下职场，可以很明显地看出，无论哪个优秀员工一定都不是孤单行事、特立独行、放不下自己的高姿态、万事不求人的人，他们一直把真诚地与他人合作当成自己实现成功的重要秘诀，并深信集体的力量是最强大的，只有集合所有人的力量帮助自己，自己才能更快更稳定地走向成功的殿堂。

8

团队的成功就是自己的成功

优秀员工始终深信："没有完美的个人，只有完美的团队。"因此，他们从来不自以为是，居高自傲，而是欣然地融入到企业的大团队中，真诚地与每一个人合作。因为他们心里很清楚，一个人无论有多大能力，离开了团队，也将一事无成，只有融入到团队，真诚地与团队的其他成员合作才能有一番大作为。正是由于这种超强的合作精神，让他们在团队中找准自己的位置，发挥自己最大的潜力帮助团队获得了成功，在帮助团队获得成功的同时，他们也实现了自己的成功。

在庞大的微软员工队伍中，至今已经拥有了数以百万计的富翁。但是，这些已经身为百万富翁的员工并没有离开微软，独自去闯天地，他们仍然"死心塌地"地在各自的岗位上奋斗，即使是要承受每周 60 小时的高强度工作也不改变初衷。在很多人看来这是不可思议的，但事实确实如此。这究竟是为什么？其实正是因为这些优秀员工始终认为，他们无论有多大的能耐也不可能凭自己一人之力就获得成功，只有把自己融入微软这个大团队中，依靠这个团队，自己的力量才会变得强大，才能在帮助团队实现成功的同时也帮助自己获得成功。

在当今这个竞争激烈的社会中，一个人凭自己的力量获得成功越来越难，因为当今社会已经不再是个人英雄主义盛行的时代，而是一个合作的时代。一个人只有依靠一个团队，借助团队的力量才能获得成功。

一个人从出生后开始就会不由自主地融入到一个集体之中，譬如说家庭、学校、班级、企业、社团、部队，等等。而在这些集体中，无论一个人头脑多么聪明、能力多么优秀、工作多么勤奋努力，很多时候一个人的目标必须依靠团队每个成员的共同努力，相互合作，相互配合才能完成。而一个团队能否实现成功,能否达成最终的目标,不仅与领导的英明决策和指挥息息相关,更与每一个员工的合作努力分不开。因此,一个成功的团队,一个能够达成最终目标的团队,每一个员工是否具有良好的团队合作意识至关重要。只有一个团队中的每个员工都互相合作,互相帮助,才能让整个团队获得最终成功,同时也让自己获得成功。

一个员工要想实现成功,就必须先帮助团队实现成功,因为只有团队成功了你才能获得成功。但一个员工应该如何才能帮助团队实现成功,如何让团队变得更加优秀呢?其实只要每个员工做到以下三方面,你一定能为团队做出贡献,一定能帮助团队获得成功,同时也能让自己获得成功。

第一点:从自身做起,以一名好员工的标准来严格要求自己。这里每个员工要做的就是要时刻为团队荣誉着想,踏踏实实,认认真真工作,无论自己在这个团队中从事的工作是否是重要的工作,都应该一丝不苟,认真地去对待。并且要深刻认识到,虽然自己只是这个团队中的一个成员,但是如果做不好也会影响整个团队实现成功。因此,必须以身作则,做好自己的工作。

第二点:要处理好与团队成员之间的关系。无论在哪个团队中,都有能力优秀的员工和能力平平的员工,如果你是一名优秀员工,也应该放下自己的高傲和自负,虚心地向每一位员工学习,并真心地听取别人的意见,只有这样,你才能变得更优秀。如果你是一名普通员工,更不应该自卑,更不应该远离其他员工,而应该虚心地向有能力的员工请教,并勤奋努力的学习,向着成为一名优秀员工冲刺。总的来说,就是一个团队中每一个员工,无论能力相差对少,都应该互相团结,互相帮助,只有这样才能将所有人的力量集中的一处,为帮助团队获得成功贡献最大的力量。

第三点:要处理好个人与团队集体的关系。一个优秀的员工应该将自己的团队看成是自己的家,把团队中的每个成员都看成是自己的兄弟姐妹。决不能因为自己的私利而和团队的利益有所冲突,要时刻以团队的利益为重,更不能因为自己的利益而和团队中的成员勾心斗角,尔虞我诈,应该真正地帮助团队中的每一个成员,真诚地与每一个成员合作,并全心全体地爱自己的团队,心甘情地为团队奉献和付出。

如果一个员工能用以上几点来要求自己,并在工作中随时督促自己这样做,那么就算你是一个能力欠缺、经验不足、学历不高的普通员工,也一样能为团队的成功做出不可磨灭的贡献,一样能帮助团队走向成功。同时,只有这样的员工才能在帮助团队获得成功的同时充分展现自己的价值,也才会实现自身的成功,成为一名优秀员工。

第八章　相信只有改变自己才能改变一切

　　优秀员工坚信改变自己才能改变一切。他们从不会为失败和错误找任何借口,更不会怨声连连,他们勇于承担责任和面对失败,并从自己的身上找原因,努力改变自己,努力提高自己,让自己不会在同一个错误上跌倒第二次。在不断改变自己的同时,他们的世界也在发生着改变——离成功越来越近。

1

要想改变世界，从改变自己开始

　　有一位著名的哲人说过这样一句名言："改变你能改变的，接受你不能改变的。"确实，许多长期被失败的阴影所笼罩的人，总是抱怨自己生不逢时，总是抱怨自己不够聪明、没有好的机遇，归根结底就是糟糕的环境阻碍了他们走向成功的殿堂。其实，这些人没有意识到一个问题，地球围绕着太阳转很容易，但要想让太阳围绕着地球转就难了。也就是说，我们根本不可能改变客观环境，环境也不可能因为我们而改变。但这并不说明我们不能改变自身的窘境，我们可以通过改变自己让自己适应环境，因为改变自己比改变环境要容易的多，当你通过自己的努力适应了环境，你会发现，世界都被你改变了。

　　在闻名世界的威斯特敏斯特大教堂地下室的墓碑林中，有一块名扬世界的墓碑。

　　其实这只是一块很普通的墓碑，粗糙的花岗石质地，造型也很一般，同周围那些质地上乘、做工优良的亨利三世到乔治二世等二十多位英国前国王墓碑，以及牛顿、达尔文、狄更斯等名人的墓碑比较起来，它显得微不足道，不值一提。并且它没有姓名，没有生卒年月，甚至上面连墓主的介绍文字也没有。但是，就是这样一块无名氏墓碑，却成为名扬全球的著名墓碑。每一个到过威斯特敏斯特大教堂的人，他们可以不去拜谒那些曾经显赫一世的英国前国王们，可以不去拜谒那诸如狄更斯、达尔文等世界名人们，但他们却不会不来拜谒这一块普通的墓碑，他们都被这块墓碑深深的震撼着，准确地说，他们被这块墓碑上的碑文深深地震撼着。在这

块墓碑上,刻着这样的一段话:

当我年轻的时候,我的想象力从没有受到过限制,我梦想改变这个世界。

当我成熟以后,我发现我不能改变这个世界,我将目光缩短了些,决定只改变我的国家。

当我进入暮年后,我发现我不能改变我的国家,我的最后愿望仅仅是改变一下我的家庭。但是,这也不可能。

当我躺在床上,行将就木时,我突然意识到:如果一开始我仅仅去改变我自己,然后作为一个榜样,我可能改变我的家庭;在家人的帮助和鼓励下,我可能为国家做一些事情。

然后谁知道呢?我甚至可能改变这个世界。

在当今社会,有许多不能获得成功的员工常常会这样抱怨:命不好、老板偏心、没有受到过良好的教育。殊不知,正是这种消极的人生态度,让他们永远不可能成为一名优秀的员工。而在优秀员工看来,这些糟糕的环境只能影响自己的才能发挥,或者打击自己的自信心,却不可能也决不会主宰自己的命运。其实每一名优秀员工都会遇到窘境,但他们对待这种不满的态度不是整天地埋怨,他们会坦然接受这一切,然后发愤图强地去改变自己,去提升自己,让自己去适应环境。

王兆兰原是北京一家工厂的挡车工,她从工厂下岗后,没有去抱怨命运,而是实实在在地去做自己能够胜任的工作——北京贵宾楼饭店洗手间的保洁员。因为,此时她为找到这份工作而高兴,觉得自己能胜任的工作就是保洁员。保洁工作对保洁员的要求极为严格,八小时工作时间内要不停地擦拭、清扫。一天下来,疲惫不堪,饭都不想吃,只想休息。时间不长,和她一起来的8个姐妹都承受不了保洁工作的劳苦而辞职了。家里人劝王兆兰不要受罪了。她想:作为一名下岗女工,没有其他技能,选择工作的机会不多,干一行就要爱一行,干一行就要把它干好。由于她工作认真,得到领导和客人的好评,她由保洁员调到商品部当销售员。为了适应新的工作,她努力学习商品知识、销售技巧、商业英语,并热心对待每一位顾客,销售额逐月上升,多次受到领导的奖励。

可是,就在这个时候,王兆兰工作的场所要停业装修半年,她又一次下岗。她在待业的日子里,看到一家茶店招聘服务员的广告。但招聘的条件很高,年龄要求18~25岁,要懂英语,还要了解中国茶文化。王兆兰前去应聘,软磨硬泡,并极力陈述自己年龄大的优势和好处。最后,老板带着疑虑收下了她。

为了学会泡茶,她反复操作,手上烫出了泡;为了分辨不同的茶叶性状,品质和口味,她反复试泡试喝,有时喝得心发慌,睡不着觉;有的客人来了一次,第二次不来了,她就反思自己哪点没有做好。很快,她掌握了茶叶和茶艺的基本知识,学会了一套推销茶叶的技巧,上岗两个月就被老板提升为店长。

在茶叶店的两年时间,她不断地以提升自己为出发点。王兆兰参加了第四次茶文化展和第六届国际西湖北京茶会,她的八仙茶获此次茶会茶艺表演一等奖。几年后,王兆兰与人合伙开办了聚福隆茶庄,她由当初一名近年不惑的下岗女工,本着"少抱怨他人和社会,多改造自己"的人生理念,终于成为招收下岗女工的企业老板。

优秀员工就是像王兆兰这样,从不为自己的悲惨命运或者处境怨声连连,而是通过努力一点点地改变自己,一点点地提高自己。最终,他们通过改变自己进而改变了悲惨的命运,甚至改变了整个世界。

2

改变形象,好形象让你受到更多青睐

在当今社会,形象对于一个人来说越来越重要,形象的好坏将可能直接左右一个人能否有一份工作,甚至会直接影响到他事业的成败。据著名形象设计公司英国CMB对300名金融公司决策人的调查显示,成功的形象塑造是获得高职位的关键。另一项调查显示,形象直接影响到收入水平,那些更有形象魅力的人收入通常比一般同事要高14%。形象设计师鞠瑾女士也曾经说过,职场中一个人的工作能力是关键,但同时也需要注重自身形象的设计,特别是在求职、工作、会议、商务谈判等重要活动场合,形象好坏将决定你的成败。

形象对一个人的重要性是不可忽视的。就拿大家司空见惯的求职来说,如果你是一个正在求职的人,一个良好的形象将对你求职成功会起到很重要的作用。当今社会,老板或者面试官在面试的时候,往往对有以下几种情况的员工印象不好,大多数情况下都不会予以录用。1. 不诚实,在简历上作假。2. 频繁跳槽。3. 一味地只谈工资。4. 不能承受工作压力。5. 不注重个人形象。我们都知道,一个人要想实现成功,必须需要一个平台,这个平台就是工作岗位,而形象好坏已经直接影响到一个人能否走上这个平台,可见一个好形象对一个求职者来说是至关重要的。

然而,好形象不止对求职者重要,对于一个已经在职的员工,保持良好的形象同样很重要。在职场中,我们能经常听到这样的例子,比如说某人去和一个客户洽谈业务,本来电话里已经沟通得很好了,但是却在签合同时没有注意自己的形象,最终给客户留下了一个不好的印象,合同当然也就泡汤了。再比如,老板本想提升一个员工,但在老板打算宣读这个决定的会议上,这个员工首先是迟到了,而后又没有说明原因,大大咧咧地闯进来,甚至还一脸倦容,满身脏污。可以想象老板心里的感受了——这样的员工怎么值得我提拔呢?肯定会愧疚自己知人不明,绝对会及时改变这个错误的主意了。而这位员工,也许在这位老板这里再也没有晋升的机会了。显而易见,做领导就要有领导的样子,自己对自己的前途都不珍惜和重视,那么老板为什么还要多此一举。像这样的例子在当今职场中数不胜数,虽然外在形象只是一个很小的细节问题,但许多时候,一个员工在这样小细节上的程度恰恰能反映出他对待工作是否认真,是否敬业,是否注重公司的形象,一个不注重自己形象的员工,永远不会受到企业和老板的欢迎。

其实,形象不止对一个员工至关重要,就算是企业的领导者,保持良好的形象也尤为重要,如果领导者在员工心目中形象不好,就不会得到员工的信赖和敬仰,也很难让员工心甘情愿地任你差遣,更不会留住员工。

美国洛克菲勒财团的创立人洛克菲勒以"奸诈"著名,他赚钱和吞并别的公司不择手段,在同时代美国人把他看作是"恶魔"的化身。洛克菲勒在垄断地位确立以后,便着意改善自己在美国人心目中的形象。1913年以后,他雇用了著名宣传家艾维·李为他美化形象气质。

艾维·李不像别人那样,宣布某富翁为某基金会大募款,他的宣传使人感到洛克菲勒不是自我标榜。他暗示一些受洛克菲勒赠款的人或基金会在报上发表感谢声明。艾维·李常发表一些专题报道,描绘这位慈祥的大富翁多么虔诚,怎样到教堂做礼拜,怎样与邻居友好相处及打高尔夫球。他的美化原则是用低调的文字来使公众对洛克菲勒改变看法。这些宣传起到了效果,把洛克菲勒看成恶魔的一代人已经上年纪,下一代人不断从宣传中知道洛克菲勒是如何慷慨解囊,怎样资助医学事业的发展。美国公众所看到的洛克菲勒现在是一个与世无争的老头,他不再是头顶大礼帽,身穿礼服和条纹裤子,被保镖们前呼后拥着去法院打官司的洛克菲勒。此时洛克菲勒的气质是虔诚地去教堂做礼拜,打打高尔夫球,坐在宽阔的草坪上与几个孙子玩耍的老人。正如报道所说,洛克菲勒是人品清白、理财有道、对子孙后代负责、信仰虔诚的好人。

虽然洛克菲勒用虚假的一面骗过了美国公众的眼球,但我们就事论事,即使是洛克菲勒这样一个成功人士,这样一个地位已经很高的企业管理者,也要费尽心思不断改善自己的形象。由此可见,好形象对任何人来说都同样重要。

好形象是引领我们走向成功的重要环节。所以每一个梦想成功的人都要时时注意自己的形象。当然,好形象绝不仅仅是衣冠楚楚,好形象还包括周到的礼仪,宽厚的心胸,敬业的态度,团结合作的精神,等等。

打造自己的好形象,也绝不仅仅是注重自己的穿着打扮,还有很多需要我们修炼的地方。

随着社会的发展,形象的重要性已经不只限于对那些所谓的"明星",形象对于一个普通人来说也越来越重要。一个优秀的员工,一个英明的老板,一定都是倍加重视自己形象的人。因为他们深知好的形象可以让自己时刻充满自信,可以受到老板和同事的更多青睐和迎来更加辉煌的明天。

3

改变态度,好态度才能取得好成绩

"态度决定一切"。这是传奇教练米卢经常挂在嘴边的一句话,正因为对此话深信不疑,所以他才能带领中国男足冲出了亚洲,闯进了世界杯,为中国男足写下了辉煌的一页。态度决定一切,那些总是在挫折面前不停埋怨,消极懈怠的人,永远得不到成功;那些总是勇敢地对待挫折,永远保持一副乐观心态的人,往往总能抓住成功的触角。

作为一名员工,在工作中遇到许多阻碍你成功的挫折和失败是在所难免的,但为什么有的人能够战胜挫折最终成为优秀员工,而有的人则被挫折打败,永远在普通员工的岗位上徘徊,甚至被老板辞退? 其实,这正是不同的工作态度导致的结果。号称"世界第一 CEO"杰克·韦尔奇曾经说过:"与其抱怨,不如负责来做。所谓负责,更多的是一种工作态度,一种全身心投入现实生活的积极心态。"

1961 年,韦尔奇已经作为一名出色的工程师在美国通用电气公司工作了一年,他的年薪是 10500 美元。这时候,韦尔奇的顶头上司伯特·科普兰给他涨了 1000 美元,韦尔奇觉得还不错,他以为这是公司对有贡献的人的奖赏,他看到了自身的价值。但他很快发现他办公室中的 4 个人的薪水居然完全一样!韦尔奇十分吃惊。

他有无数的理由认为,他应该比其他人挣得多。韦尔奇找到了伯特·科普兰,得到的解释是:这是公司预先确定好的工资浮动的标准。韦尔奇简直不敢相信,他认为公司在员工薪水问题上应该区别对待,公司这种做法是一种官僚作风。此后,韦尔奇一天比一天萎靡不振,终日牢骚满腹,无心工作。

一天,科普兰的上司、时任美国通用电气公司新化学开发部年轻的主管鲁本·加托夫把韦尔奇叫到自己的办公室,他谈到了自己也对通用公司的官僚作风不满,也解释了公司最高层正着手解决这个问题。而后,他语重心长地对韦尔奇说:"你来通用虽然只有一年时间,但我很欣赏你的才华与工作热情。韦尔奇,以后的路长着呢,对你个人而言,整日抱怨,无心工作,只会浪费了通用这个大舞台,难道你不希望有一天能站到这个大舞台的中央吗?"

韦尔奇被鲁本·加托夫的话深深触动了,他突然意识到,抱怨是于事无补的,与其抱怨,还不如把宝贵的时间用在努力改进自己上。从这以后,韦尔奇开始尽力工作,为自己的成功不断增加砝码。

1968 年 6 月初,也就是韦尔奇进入通用的第 8 年,他被提升为主管有着 2600 万美元的塑料业务部的总经理。当时他年仅 33 岁,是这家大公司有史以来最年轻的总经理。

1972 年 1 月,37 岁的韦尔奇又荣升为通用集团副董事长,负责 4 亿美元的业务。

1973 年的 7 月,韦尔奇因业绩出色被提升为通用集团的部门执行官。

1981年4月1日，杰克·韦尔奇终于凭借自己的实力与自信，稳稳地站到董事长兼最高执行官的位置上，站到了通用这个大舞台的中央。

许多年过去了，韦尔奇至今都忘不了那次改变了自己一生的谈话。

抱怨除了让自己不思上进外，没有任何用处。抱怨得越多，成功只会离自己更远。唯有远离抱怨，努力奋斗，才有辉煌的明天。然而还有很多员工却不这样，他们只要在工作中遇到点挫折，便会马上灰心丧气，抱怨这个，抱怨那个，怪运气不好，怪时运不济，觉得自己没有能力成功，觉得自己没有能力战胜困难，带着这种消极的心态，他们开始惶惶度日，每天工作无精打采，总是以一副沮丧的脸和悲观的心态来面对工作，他们不知道，这种抱怨的心态让他们变得越来越萎靡不振，越来越没心思努力专心工作，离成功也越来越远。

一个人上了一辆出租车，无聊之际，他和司机随便聊了起来："最近生意好吗？"

"有什么好？哪有你们这些上班的好。油价疯涨，你想我们出租车生意会好吗？起早贪黑，每天十几个小时，也赚不到什么钱，真是气人！"

为改变车内的气氛，这个人转变话题说："你车内装饰得很漂亮，也让人觉得心里很舒畅……"这个人还没说完，司机就打断了他的话，声音激动了起来："舒畅个屁！不信你来每天坐12个小时看看，看你还会不会觉得舒畅！"听到这话，这个人无言以对了，只能无奈地摇摇头。

办完事情后，这个人又上了一辆出租车，这回是个女司机，一张灿烂的脸庞伴随的是轻快愉悦的声音："你好先生，请问要去哪里？"听到这样的话，这个人的心情也随之灿烂起来，随即告诉了女司机目的地。

看着女司机总是面带微笑，这个人禁不住问："看来你今天心情不错啊！"

女司机笑着回答："我每天都是这样好啊。"

想起了之前那个男司机的话，这个人又说："不是出租车行业不景气，工作时间长，油价涨了，收入都不理想吗？"

女司机的脸上仍然带着微笑，她说："这没错，我每天开车时间几乎在 12 个小时以上。不过，日子还是过得很开心。"

"你每天开车那么长时间，怎么还开心呢？"这个人不解地反问道。

女司机颇有哲理地回答道："我总是换个角度来想事情。例如，我觉得出来开车，其实是客人付钱请我出来玩。我应该感谢客人才对，所以我总是尽心尽力地为每一位客人服务，服务他们并感激他们。现在，我每月至少有三分之一的顾客都是回头客。太感谢他们了！"

听到女司机这样的回答，这个人深深一笑："你的心态真好，永远不埋怨工作的困难，总是往好的方面想。"

快到目的地时，女司机的手机响了起来，有位老客人要去机场，她的客人在不知不觉中主动找上门了。

女司机没有抱怨，而是以一个乐观的心态去面对，所以在别的司机都不景气的时候，仍然能有主动找上门的顾客，仍然能取得可观的收益。而女司机的行为也充分说明，命运不会因为抱怨而改变，要想改变自己的命运，首先要停止抱怨，然后改变自己，最重要的是一定要改变自己的心态，积极乐观，这样你才能走出困难的阴影，迎来璀璨的光明。

优秀员工一直都告诫自己，绝不能在困难和挫折面前抱怨，因为成败不会因为抱怨而改变，只有在困难和挫折面前时刻保持一个积极乐观的心态，努力学习，改变自己的不足，才能做出优秀的工作成绩，才能成为一个不折不扣的优秀员工。

4

改变处事原则，宽厚和善获得更多人缘

　　无论在什么时候，宽容待人始终是一种美德，是一种思想修养，也是人生的真谛。你能容人，别人才能容你，这是生活中永远不变的辩证法则。

　　如果我们仔细观察一下那些优秀员工的工作氛围，除了发现他们总是认认真真，兢兢业业地工作以外，还会发现他们的人缘总是特别的好，许多员工都喜欢和他们说话，私底下赞扬他们的员工比赞扬老板的还要多。很多员工都希望有很好的人缘，都希望在自己遇到困难时有很多同事愿意主动帮助自己，但却很少有员工能够像优秀员工那样人缘宽广。其实，优秀员工并没有什么独特的秘诀，只因为他们为人处世都遵循一点原则，那就是宽厚待人。

　　要做到这一点并不难。只要在平时生活和工作中注意以下几个方面，你同样能赢得许多人的喜欢。第一，做一个"吃亏"的人，永不占别人便宜。第二，绝不嫉妒别人的优点，也不憎恨别人的缺点，容人之长同时也要容人之短。第三，看到别人犯错误，不落井下石，而应该对别人多一份理解和宽容。第四，在别人成为众矢之的时，不随波逐流，避而远之，应该热心地伸出援助之手，应该坚信，患难之中结交的友谊才是最坚固的。

　　在企业中，有一些原本很优秀，应该有很好的前途的员工，只因为他们容不下比自己优秀的人，在工作中总是想方设法孤立或者是蓄意排挤那些比自己优秀的人，最终不但没有孤立别人成功，反而自己被其他员工孤立起来，久而久之，再没有人愿意和他们接触，在无助的情况下，他们的工作成绩越来越差，最终不是被公司开除，就是孤零零地选择离开。究其根源，是他们没意识到每个人都有长处，只有取人之长补己之短，才能相互促进，共同进步，如果不能接受别人的优点，总是压制别人，最终受害的不止是企业得不到发展，自己也将失去美好的前程。

19世纪初，肖邦从波兰流亡到巴黎。当时匈牙利钢琴家李斯特已蜚声乐坛，而肖邦还是一个默默无闻的小人物。然而李斯特对肖邦的才华却深为赞赏。怎样才能使肖邦在观众面前赢得声誉呢？李斯特想了妙法：那时候在钢琴演奏时，往往要把剧场的灯熄灭，一片黑暗，以便使观众能够聚精会神地听演奏。李斯特坐在钢琴面前，当灯一灭，就悄悄地让肖邦过来代替自己演奏。观众被美妙的钢琴演奏征服了。演奏完毕，灯亮了。人们既为出现了这位钢琴演奏的新星而高兴，又对李斯特推荐新秀深表钦佩。

如果李斯特容不下肖邦，不给肖邦演奏和一鸣惊人的机会，那么他不但得不到什么好处，还会亲手埋没一个天才的音乐家。然而，他没有压制肖邦，而是制造机会让肖邦出名，这样一来，社会不但多了一位音乐家，更多了一位宽厚待人，人人学习的典范。

还有一些员工，只要别人一犯错误，他们就抓着别人的小辫子不放，不是在这个面前诋毁别人就是在那个面前说别人坏话。也许这样的员工一时间贬低了别人，抬高了自己，使自己看起来很优秀，但他们不犯错误则以，一旦到了自己犯错误那一天，他们必将得到比当初自己对别人那样还要严重十倍的悲惨下场。因为是他们教会了其他员工只要别人一犯错误就要一棒子将别人打死，绝不留有喘息的余地。话又说回来，谁都有犯错误的时候，就像谁刚开始学习走路都会有跌倒的时候一样，这个时候我们应该抱着一种宽容的态度去看待犯错误的人，佛语有云："放下屠刀，立地成佛。"如果每个人都能像佛家那样，宽容地看待每一个犯错误的人，那么何愁赢不得别人的真心，何愁人缘不好。

有句俗话这样说："夫妻本是同林鸟，大难面前各自飞。"在当今职场中就有一些这样的员工，平日里和同事关系和好，称兄道弟，但一旦哪个同事遇到了麻烦或者犯了大错，他们就会像避开瘟神一样立马逃得远远的，这样自私自利，从不考虑他人，更无宽厚和乐于助人之心的员工无论走到哪里，也永远不会受到别人的喜欢。

在 2003 年"非典"横行的时候,陈慧成为一家公司里最受人欢迎的职员,并被大伙投票选举为部门经理,她是因为什么得到这么多员工的喜欢呢?原来,在人心惶惶的"非典"时期,每个人都成为别人的敌人,没有人敢互相近距离接触,也没有人敢上班,而陈慧则主动承担起值班的重任。有一个同事的孩子所在的学校出现了"非典"病人,大家都疏远了这个职员,只有陈慧勇敢地打电话给这个同事,请他到办公室来领取单位发放的药品和口罩。当这个同事来到单位时,连门卫都戴着口罩躲避他,但陈慧依旧平静地向他问寒问暖,并且亲手把药递到了他手里。正是因为陈慧这种对待每一位同事都像自己的家人一样,即使在同事被孤立的状况下仍然不离不弃的友爱精神,使她在下半年选举部门经理的民意测验中,以绝对的票数优势脱颖而出,摘得桂冠。

在当今社会,容不下同事的长处,总是压制那些比自己优秀的同事;在同事一犯错误时就第一个站出来批评他,看不起他;以虚伪的友谊对待同事,一旦自身利益受到威胁,便会消失的无影无踪,这样的员工是永远不会有好人缘的,更成为不了一名有号召力和影响力的优秀员工。而真正的优秀员工,永远都会宽厚和善地对待身边的同事,接纳同事所有的缺点,并和他们打在一起,共同改进彼此的缺点,一起进步,所以他们才成为一呼百应,受人尊敬的优秀员工。

5

改变工作方法,能干苦干不如巧干会干

苏联有句俗语:"巧干能捕雄狮,蛮干难捉蟋蟀。"在现代的企业中,我们经常能看到一些员工平时工作很努力,也很勤奋,每天总是第一个上班,最后一个下班,而且即使回家了也仍然继续工作,但他们却总是做不出好的工作成绩,甚至还不如那些轻松的员工做得好。其实,这些员工认真勤奋的工作态度固然是一个的好现象,是绝对值得表扬的,但很多时候,提升工作业绩并不是只靠蛮干就可以的。正所谓好钢要用在刀刃上,一个人要想做好一份工作,勤奋敬业是基础,同时还要勤思考,找准方法。没有一个好的方法,再怎么努力也只能事倍功半,还有可能造成反效果。

有一次,一位老板让他的助手去买一瓶玻璃水,助手二话没说就跑出去买了。等他买回来送到老板面前,老板看了真是哭笑不得,不只是该表扬还是该批评这个员工。原来老板要买的是轿车雨刷器上用的玻璃水,而他偏偏买回来的是打防水用的玻璃水。

这只是一个简短的小例子,但简单的几句话却能反映出一个事实,一个员工能干、肯干、忠诚、敬业固然很重要,但盲目地干工作只能起到反效果,在行动之前要多加思考,找对一个既有效又准确的方法,这样才能使你既花很少的力气,又能做出令老板满意而又高效的事。就像那个助理,如果他在接到要买玻璃水的任务时先别急于行动,多思考一下,问清楚了再去买,肯定不会让老板"哭笑不得"了。

黄罗轩是广东省航标处养护中心的一名普通员工,她的日常工作就是在浮标围筒内敲锈、喷油漆、喷沙,保养工作繁重、压力大,且大都在气温高的盛夏进行作业,工作环境非常艰苦。

在同事眼中,黄罗轩是一个不怕苦、不怕累,能"舍小我"的人。每每提及她,大家总是肃然起敬,赞声一片。有同事说:"那么高的温度,她在浮标桩内一待就是几个小时,一定坚持把整个灯桩保养完毕,中间只喝一点矿泉水解渴、吃两个面包充饥,真的很不容易啊!"

黄罗轩却说:"在工作中,不仅要积极肯干,还得特别注重总结经验,改进办法。蛮干不如巧干!"她这么说可不是故作姿态,而是有感而发的。在业务上,黄罗轩非常注意与领导及同事的及时沟通,并且常常利用自己精通业务的优势,结合工作实际,提出有建设性意义的构想,推进工艺改革和技术革新。为解决浮标海上印字作业困难,黄罗轩几经思索、反复试验,最终采用磁铁吸附的方式,圆满解决了海上印字固定字模的问题,促使了航标大保养海上印字任务安全顺利完成。很快,黄罗轩设计制作的装沙箱将全中心职工从高强度的劳作中解脱了出来,极大地提高了工作效率。而她设计制作的浸漆池,则大大提高了锚链保养的质量。另外,还有众多科技含量较高的设计制作,如灯架喷沙、喷漆支架,对保障职工的工作安全具有积极意义。她所改进的顶标架,产品质量大为提高;对电池箱制作工艺的改良,提升了电池箱的性能及延长了寿命。

由于黄罗轩勤奋工作,提出许多高效的工作方法和技术改革,创造了惊人的工作成绩,不久,她被妇联授予"三八红旗手"的光荣称号。

勤奋努力工作固然很重要,但也要找对工作方法,能干苦干不如巧干会干。要想成为一名优秀的员工,仅有努力还不够,还要懂得思考,懂得不断改进自己的工作方法。不要小看这经过简单思考后的改变,许多时候,别的员工都在按部就班地工作,而你经过简单思考找到一个更有效,更高效地工作和解决问题的办法,你的人生很可能就因此变得不再简单。

在美国,年轻的铁路邮务生佛尔曾经和千百个其他邮务生一样,用陈旧的方法分发信件,而这样做的结果,往往使许多信件被耽误几天甚至几周。佛尔并不满意这种现状,而是想尽办法去改变。很快,佛尔凭借自己的工作经验发明了一种把信件集合寄递的办法,极大地提高了信件的投递速度,佛尔因此获得了升迁。五年后,他成了邮务局帮办,后来当上了总办,最后升任为美国电话电报公司的总经理。

对现代的企业来说,时间就是金钱,效益就是生命。因此,任何企业在注重员工的工作态度的同时,更注重员工的工作效率。惠普公司前首席执行官高建华曾深有感触地说:"惠普这样的跨国公司不提倡员工们整天努力拼命地工作,而是提倡员工们聪明地工作,希望员工们能在工作中开动脑筋,想出更好的办法去解决问题、完成工作,从而提高工作质量和效率。"这样期望的肯定不止惠普公司一家,有哪一家企业不希望员工这样呢? 所以,工作中不要只知道一味地埋头苦干,而要经常停下来想一想,如果你一味地忙碌以至于没有时间来思考少花时间和精力的方法,那是永远做不出好成绩的。

"能干苦干不如巧干会干。"优秀员工正是因为彻底理解了这句话的含义,并且落实到实际的工作当中,不断思考,不断改变工作方法,所以他们才能劳逸结合,既可以有充足的时间享受生活,又能获得惊人的工作业绩,成为一个用脑子做事的高智商员工。

6

努力从失败中寻找成功的方法

比尔·盖茨曾经说道:"失败属于意料之中的事,通向成功的大道上不可能不伴随着失败。聪明的人不是为失败找借口,而是认真寻找失败的原因,再从失败的原因中进一步寻找成功的方法。"许多优秀员工正是凭借不为失败找借口,而是努力从失败中寻找成功的方法,才走向了成功。

有许多这样的员工,他们只要一遇到困难和挫折就会像缩头乌龟一样,选择逃避,或者是挖空心思,四处找各种借口来掩盖自己的错误和失败,让自己的过错和失败看起来合理化,而从不把宝贵的时间用到分析自己为什么会失败,有什么方法可以让自己走出失败。这样的员工,不但会损害公司的利益,让公司得不到快速发展,同样也毁掉了自己的前途和光明。

　　总为错误和失败找借口是一种很不好的工作习惯。员工一旦养成了这个习惯，那么他的工作状态就会变得拖拖拉拉，效率也会直线下降，一遇到错误，便找一大堆看似合理的借口，以博得别人的谅解和同情。他们不知道，也许借口能把他们的过失掩盖掉，让他们感到一时轻松，但久而久之，就会让他们依赖借口，不再努力上进，不再去想方设法地去争取成功。长期下去，他们必将沦为工作效率和工作成绩最差的员工，甚至被企业淘汰。

　　徐海洋是一位刚从名牌大学毕业的高材生，在校学的是新闻专业且长得又一表人才，所以被北京一家很知名的报社聘用了。但是，徐海洋有一个很不好的习惯，就是做事不认真，遇到困难总是为自己寻找借口推卸责任。刚开始时，同事们对他的印象还不错，但是好景不长，他的毛病就显露了，上班迟到已是家常便饭，和同事一块出外采访不是忘这就是丢那。为此，报社负责人找他谈了好几次话，但他总不以然或是找各式各样的借口去搪塞。

　　有一天，报社工作特别忙，突然电话响了，原来是一位热心读者打电话过来说在一个地方有特大新闻发生，请报社派相关记者前去采访，但是报社的记者都出去了，只有徐海洋一人在社里。没有办法，经领导商议以后，只有让他独自前往采访。没过多久他就回来了，领导问他采访得怎么样，情况如何？然而他却说："路上堵车太严重了，等我赶到的时候，事情就已结束了，而且现场已有其他的新闻单位在采访，我看也没什么重要新闻价值了，于是就回来了。"领导听后火冒三丈，当场拍案而起说："北京的交通一向都堵塞，但是你就不知道想别的办法吗？那为什么别的记者都能赶到呢？而你却不能如期到达。"徐海洋一听也急了，便争辩道："路上交通真的很堵嘛，再说我对那里的地形又不熟悉，身上还背着这么多的采访器材……"这时，领导更有气了，心想：我要你去采访，你不但没有完成任务，还有那么的借口,顶撞领导,以后怎么让你工作。于是脱口而出道:"既然这样,那你就另谋高就好了,我不想看到员工不但没有完成公司交给他的任务,反过来却还有满嘴的借口和理由,尤其是做我们这一行的,更需要能够接到任务后,不管中间遇到多大的困难,都能够想方设法地把它完成,并且还要比他人完成得更出色。"就这样,徐海洋被报社开除了,变成了一个失业的高材生。

徐海洋只是一个遇到困难和失败只知道抱怨,只知道找借口,而不是从失败中找寻成功办法的员工的缩影。在当今企业中,许多老板都非常厌恶总是为自己的过错找借口,总是为自己的失败找各种所谓的挡箭牌的员工,他们视这样的员工为影响企业发展的毒瘤,如果这样的员工已经在企业中,他们会坚决予以铲除,如果这样的员工准备进入企业,他们会不假思索,直接将其挡在大门之外。相反,如果他们发现企业中有遇到困难和失败从不逃避,而是勇敢坦然地面对,努力从失败中找寻原因,并通过自己的努力想到如何改变失败局面办法的员工,他们会视如能让企业发展壮大的栋梁,毫无顾忌地大力提携。

小李、小赵、小张三人在同一家公司就职,虽然公司的产品质量不错,销路也不错,但是由于最近公司出现了一些资金问题,产品销出去后,总是无法及时得到收回货款。有一位大客户,在半年前就买了公司 15 万元的产品,但时至今日仍迟迟不肯支付货款。

为了解决公司的燃眉之急,公司决定派小李去讨账。小李去找那位大客户,但那位大客户没有给他一个好脸色,并且还说那些产品在他们这个地方销量不是太好,让小李过一段时间再来要账。小李深知这位大客户不好惹,同时想到大客户又不是欠自己的钱,欠的是公司的钱,跟自己一点关系都没有,于是便返回公司。由于小李无功而返,公司无奈,只好再派小赵前去要账,当小赵找到这位客户时,这位客户还是一如既往地态度恶劣无比,并告诉小赵业务员,说他这段时间资金周转也很困难,让小赵体谅一下他的难处,还找借口道:"等资金一到位就还钱。"

小赵无可奈何，也只能无功而返。要不回钱公司就将面临倒闭，迫于无奈，领导只能再派小张前去讨账。殊不知，小张刚一见到那个大客户，就被那个大客户指桑骂槐地教训了一顿，说小张的公司三番五次地派人来催账，摆明的就是不相信他，这样的话，以后就没有合作了。但小张却没有像小李和小赵一样立马灰头土脸地回去，而是见招拆招，想尽了办法与那位大客户周旋。最后，那位大客户抵不过小张的再三招数，便同意还钱，他把一张15万元的现金支票给了小张。

当小张开心地拿着支票去银行取钱时，他惊奇地发现，账上只有149920元，显而易见，那位大客户又耍花招了。面对这个困难，小张并没有乱了阵脚，他左思右想后，自己拿出了100元，把钱存到了客户公司的账户里去。

当小张带着这15万元的货款回到公司时，公司领导对他刮目相看，非常地器重他。后来，随着公司的规模越来越大，再加上小张自己的不断努力，在不到4年的时间里，他当上了公司副总。而小李和小赵却依然是公司里最普通的业务员。

我们不难想象，要是小张也像小李和小赵那样遇到问题不努力去想办法解决，而是随便找个借口就回来了，那他绝对不可能完成公司派给的任务，更不可能得到公司领导的器重，被提升为副总。可见，总是在失败和遇到困难的时候，一味地为自己的失败和错误找借口的员工永远不可能成为受老板重用的优秀员工。每一名身为企业顶梁柱的优秀员工，他们从来不会为失败找借口，反而努力在失败中寻找实现成功的办法，并时刻坚信，世上没有解决不了的难题，只要用心去寻找和思考，一定能找到解决困难和走向成功的最佳途径。正是凭借这种信念，他们才能走出失败，迎来期待已久的成功。

7

少抱怨，多改变，成功之路才能畅通无阻

"遇到障碍我会诅咒，然后搬个梯子爬过去。"这是美国黑人亿万富翁约翰逊的一句格言。确实，每个人的人生中不可能没有挫折，没有阻碍，但却只有极少数人能够像约翰逊一样想到搬个梯子爬过去。绝大多数人在遇到挫折和阻碍时，往往只做到了约翰逊那句格言的前半句话，总是抱怨自己为什么不能成功，总是诅咒那些影响自己成功的倒霉环境，而忘记了搬个梯子爬过去，所以他们只能长久地活在抱怨中，永远获得不了成功。成功者于失败者的区别所在，正是因为成功者是一个懂得少抱怨，多改变的人，所以他们才获得了成功。

郑波是一家 IT 公司新来的绩效主管，一进到公司就开始着手准备进行整个公司的年终绩效考核，可是他发现这家公司成立这么久了居然没有一个明确的绩效考核方案，于是他就找到人力资源经理大发牢骚："这绩效没法考核，连一个成文的考核方案都没有，让我怎么考？算了，以前怎么样这次还一样吧。"

刚好总经理这时也走进人力资源经理办公室，郑波见了，对刚才自己的放肆不免有些后悔。

总经理听了并没有发火，而是心平气和地说："一味抱怨而不思解决，对于工作将无任何进展。而如果停止抱怨，与同事们共同解决问题，你就会有新的体会。小伙子，这个任务就交给你了。三天后，你能不能制订出一个方案呢？"

郑波忙回答："能，能，我一定尽力而为！"

当即，郑波在人力资源经理等人的协同帮助下忙开了，第二天一个方案就制订出来了。

总经理看过方案后非常满意,不过,他再次和颜悦色地问道:"郑波,现在还想不想发牢骚呢?"

郑波若有所悟地笑了起来。

看,这就是在困难面前选择抱怨与选择改变的两种不同结果。许多时候,一个员工并不是没有战胜困难,解决难题的能力,但由于懒惰的心理,他总是会选择既舒服又能为自己开脱的抱怨,慢慢的,抱怨逐渐成为他对待困难和挫折的习惯态度,只要一遇到困难和挫折他就会选择逃避,就会费尽心思找一个角落把自己藏起来。但他不知道,抱怨是阻碍他成功的最大障碍,是让他会遇到越来越多的困难和失败的种子,一味地抱怨只能让他越来越失败。其实,扭转这种总是被困难和失败缠绕的局面很简单,只要少一些抱怨,多一些改变,多一些努力,每个员工的成功之路都能畅通无阻。

我们时常能在身边发现,某些员工总是抱怨自己总是因为得不到提升,得不到加薪,就开始越来越没兴趣认真工作,消极、懈怠、经常出错成为了他们每日工作的必发现象,工作能力变得越来越差。其实,这些员工只看到了问题的表面,没有仔细分析导致问题的根本原因其实是他们从不在自己的身上找原因,从没有看清自己的不足之处,说到底,并不是老板没有给他们升职和加薪的机会,是他们自己选择了放弃。

一个年轻人总是对他的哥哥抱怨:"老板真不够意思,我跟着他干了几年啦,工资还没有涨过!这样工作下去,实在太没劲了,我真不想干了!"而他的哥哥每次都是静静地听着他的抱怨,从不发表评论。

这天,这个年轻人又向他的哥哥抱怨起来,当年轻人抱怨完后,他的哥哥充满关心地看着他,语重心长地说道:"我觉得你现在已经养成了抱怨的坏习惯,这对于你的成长很是不利。如果你保持这样的心态,即使不在这里干了,你到别的公司,还是会遇到现在的问题!你唯一应该改变的是自己的心态,不断地提升自己的能力,而不是一味地抱怨和挑剔公司!"

哥哥的话犹如一剂镇定剂,让年轻人很快陷入了沉思。"是啊,如果总是抱怨公司给自己的钱太少,却没有反省为什么老板不给自己涨工资,那么,即使换一百份工作,薪水又能涨到哪里去呢?"想到这里,这个年轻人暗下决心,一定要通过自己的努力改变不满的现状。此后,年轻人开始改变自己,努力把现在的工作干好,不断地提升自己的能力。就这样,通过一步一个脚印的努力,他越来越受到公司的重用,薪水也不断地上涨。

后来,这位年轻人离开公司,自主创业,成为了享誉世界的著名企业家。他的名字叫稻盛和夫,日本高科技时代最著名的企业领袖,被世人称为"经营之神"。

稻盛和夫的经历已经足够说明,一个人面对困难和挫折,应该少抱怨,多改变,只有这样才能让你的成功之路变得畅通无阻。少抱怨,多改变,这也正是每个优秀员工面对失败和挫折的态度,正是他们扫清成功之路上的障碍,让成功之路畅通无阻的诀窍。

第九章　任何时候都绝不轻言放弃

　　优秀员工任何时候都绝不轻言放弃。他们从来不怕失败，因为他们知道，只有经得起失败才能走向真正的成功，他们在一次次失败中越挫越勇，勇往直前，永不言弃。终于，他们用自己的坚韧赢得了真正的成功。

1

只有经得起失败的人,才能真正走向成功

在这个世界上,没有人能永远成功,谁都会经历失败和挫折,无论这个人有多么大的能力,有多么优秀,他也一定有失败的时候。

发明大王爱迪生一生共创造了上千项伟大发明,例如留声机、电影、电动笔、蓄电池,蜡纸及日光灯,等等,至今仍被人们熟知和应用。但就是这么一个伟大的发明家,一生却经历了不计其数的失败,仅仅在发明蓄电池时就失败了25000次。著名的肯德基总裁哈伦德·山德士,一生共经历了1009次失败,光是重大失败就有17次之多,他的一生只成功了一次,就是在他80岁时创办了肯德基。美国著名总统林肯,据统计,他的一生只成功了三次,重大失败却有35次之多。著名电影明星史泰龙,至今已经演绎了无数个深入人心的经典角色,但他在面试演员的初期,却是经历了1849次拒绝后才终于被接纳。英国著名作家约翰·克莱斯,一共出过564部经典小说,但就是这么一个知名作家,却曾经被退稿达753次。

以上这些人都是赫赫有名的成功者,但我们能看到,他们走向成功的道路并不是一帆风顺,而是经历了许多次失败后才最终获得的成功。因此,无论哪一个人,他追求成功的道路上一定会经历许多失败,而只有一个不害怕失败,能经得起失败的人才能真正走向成功。

在当今这个竞争激烈,生存压力极大的社会,一个员工在工作中遇到失败和挫折是一件很正常的事情。你会遇到比你强大的竞争者,会遇到许多令你束手无策的工作难题,会遇到老板的苛刻要求,等等,在这些困难面前,你一定会遭受很多失败。但每个员工应该知道,失败和挫折是你成长为优秀员工的必经之路,没有一个优秀员工是不经历过失败而成为优秀员工的。

小王和小林在大学时是同班同学,他们的学习成绩都很优秀,常常难分上下。大学毕业后,他们各自找到了一份工作。

小王毕业后,在一家电器公司做推销员,他的工作具有很大的挑战性。第一次去推销电器,他进了一家写字楼,但门口的保安把他挡在了门外,不让他进去,小王并没有因此而灰心。他没有马上离开,而是在写字楼外面徘徊,他在等待时机,他相信功夫不负有心人,他一定可以找到进去的办法。后来,终于趁着看守大门的保安和别人说话不注意的时候,他偷偷地进去了。进去后,他一个办公室接着一个办公室地推销自己的产品,很多人根本连看他一眼都不看就让他出去了,即便这样,他也毫不退缩。在整个推销的过程中,他始终面带微笑,耐心地给别人介绍自己的产品。经过他的努力,一天下来,他卖出去好多电器,由于他工作表现突出,没有多长时间,他就被提升为公司的销售部经理。

小林毕业后,到一家外企工作,一开始,他对工作也是认真努力,想要在工作上做出一番成绩,可是后来在工作上碰到了一些困难,他觉得很有压力,工作时总是心不在焉,慢慢地,上司也不再重用他了。领导不再重用他后,他越发不像话了,工作时间常常溜出去,上面交代的工作他做得马马虎虎,久而久之,领导再也看不下去了,最终把他辞退了。

小林和小王都是刚刚从大学校园走出来的学生,无论从工作经验上或者能力上来说都相差无几,但小王却实现了成功,得到了企业的重用,而小林却落得被开除的结局。究其原因很明显,小王之所以成功关键在于他对待失败和挫折的态度上,面对失败他并没有选择放弃,而是积极思考,想解决办法,最终战胜了失败;小林则在失败和挫折面前选择了放弃,选择了逃避,导致错误越来越多,落得被开除的结局也自在情理之中。优秀员工正和小王一样,从来都不害怕失败,在失败面前,他们永不放弃,越挫越勇,向着成功不断努力,并最终赢得了成功。这样的员工才是备受企业重用的员工,才是企业的财富,才是领导真正青睐和愿意委以重任的员工。

2

勇往直前,对任何困难都毫不畏惧

英国著名哲学家培根曾经说过这样一句话:"超越自然的奇迹多是在对逆境的征服中出现的。"居里夫人也说过:"人生的旅途也许很遥远,也许很暗淡,但是,不要害怕,勇敢的人面前才有通路。"没错,许多成功人士的成功经历都证明,不是因为他们从来不会经历失败和遇到挫折,他们遇到的挫折和失败也许比常人还要多很多,但他们之所以能成功,正是因为他们在遇到困难和挫折时,毫不畏惧,勇往直前,相信只要在逆境中永不放弃,坚持到底,就一定会出现奇迹,转败为胜。正是凭借这种信念的指引,他们超越了那些平凡的人,成为万人敬仰的成功人士。

无论在生活还是工作中,困难和挫折都是永远无法逃避的,正如没有一艘船没遇到过大风大浪一样。但困难和挫折其实只是一只纸老虎,不过是披着一张真老虎的皮耀武扬威罢了,只有那些胆小害怕的人才会被这张虎皮所蒙蔽,才会在遇到困难和挫折的时候选择放弃和逃避,永远不能获得成功。而那些勇敢的人则看出了其中的端倪,对困难和挫折毫不畏惧,反而知难而上,勇往直前,最终战胜了困难,获得了成功。

　　一个老船长被聘请到一家经常出事的海运公司。当他上船时，发现船上只有一张浅水航行图。他一下子明白了几分，就让人将浅水航行图取下来，再画一张深水航行图换上。海运公司的人看到老船长的举动后非常不解，原来的浅水图上把暗礁和浅滩都画得明明白白，万一遭遇不幸还可以逃过一劫，可现在换了一张深水图，什么都看不到了，万一遇到不幸的话就只有死路一条了。老船长叫人拿来一个木盆和几块石头，然后加入半盆水，把石头放了进去。他还叠了一只小船放在里面。虽然水面很平静，但小船经常触礁，不一会儿就破了。老船长加水后又叠了一只小船放在里面。虽然小船在摇晃，但礁石都潜到水底了，所以还是安然无恙。

　　老船长的这个小试验一下子让海运公司的人恍然大悟，从此以后，他们的船告别了浅海，转而到深海里航行，虽然也经历了一些风浪和海啸的袭击，但出事的几率比以前减少了很多。

　　海运公司正是因为缺少勇往直前的勇气，对深海充满着畏惧心理，不敢去尝试，才导致了经常出事的后果。其实，在现代职场中，不乏有许多像海运公司一样的员工，他们本拥有很优秀的能力和过人的才华，但就是因为害怕困难和挫折，缺乏一种勇往直前的勇气，总是踌躇不前不敢尝试，最终亲手葬送了自己可以很美好的前程。

　　一位著名的营销专家应邀出席了一个高层职业经理人的聚会，在私下里与这些高层经理人交谈时，至少有六人都表示想换种活法选择一个行当创业了，并且已经在私下里交流做规划、搞布局，他知道这几人都是知名企业的高层精英人士，属于高职、高薪的一类，资源也多、人脉也广，如果真的创业的话，一定会成功。但五年过后，这位营销专家再次见到了那六个曾经的高层经理人，意外的是，六个人中竟然没有一个真正去创业了，还是做着以前的工作。交谈中，他终于发现了其中的原因，原来是他们害怕创业过程中遇到失败和挫折，所以他们最终选择了循规蹈矩，安守本分，他感慨地对那六位高层经理人说道："正是因为你们对困难和挫折的恐惧心理，不敢迈出第一部，缺少勇往直前的勇气，才导致你们至今仍是曾经的角色，没有获得更大的成功。"

一位著名的登山人士在回答一个人的问题时这样说道："如果我在半山腰遇到了暴风雨，我会不假思索地往山顶上跑，虽然往山上跑经历的风雨会更大，但却不足以威胁你的生命，而往山下走，光洪水就可以把你冲走，面对风雨，逃避它，你只会被卷入洪水中，而挑战它，你可以获得生的希望。"对于一个畏惧困难和挫折，总是在困难和挫折面前选择放弃的员工来说，他永远不会获得成功；对于一个毫不畏惧困难和挫折，在困难和挫折面前选择迎难而上，勇往直前的员工来说，也许他就离成功不再遥远。

巴尔扎克曾说："苦难对于天才是一块垫脚石，对于能干的人是一笔财富，对于弱者则是万丈深渊。"不错，有的时候，对一个勇往直前的员工来说，困难和挫折不但不是阻碍他们成功的绊脚石，而是通往成功的阶梯，一个在困难和挫折面前勇往直前的员工，往往比那些在困难和挫折面前总是选择逃避，总是选择放弃的员工能获得更大成功。

有两兄弟从小失去父母，相依为命过着贫苦的生活。长大之后，二人都做起了小买卖，当起了小商贩。

有一年夏天，弟弟对哥哥说："我们总在这个小地方贩卖商品也不是办法，我们应该到更远的地方去寻找市场。"哥哥也同意弟弟的想法。于是两个人带着沉重的商品，准备爬过一座山头，到另一个村落做买卖。

这个夏天特别热，另一个村子又与他们相距很远，汗水湿透了他们的衣服，热得受不了的哥哥擦着满身的汗对弟弟说："哎！太热了，以后再也不要到这种地方做生意了。"

弟弟笑着回答："我的想法跟你不一样，我想这座山如果再高几倍，那该有多好。"

哥哥不以为然，抱怨地说："我看你是爬山爬糊涂了，山当然要越低越好。"

弟弟说:"如果山很高的话,许多商人都会知难而退,那么我们就可以多做一些生意,赚更多的钱。"

哥哥听了之后频频点头,再也不抱怨了。两人一鼓作气爬上了山顶。不久,挣了一大笔钱。

这就是在困难和挫折面前勇往直前的人的最终结局。优秀员工就是这样,从来不害怕任何困难,在困难和挫折面前,他们奋勇直前,把失败和挫折看成是帮助自己成长的阶梯,帮助自己获得成功的恩师。因此,他们在一次次的失败和一次次与失败的抗衡中,毅力磨练得越来越强大,能力得到了不断提高,最终战胜了困难,获得了梦寐已久的成功。

3

充满拼劲,绝不害怕任何失败

有句名言说得好:"失败乃成功之母。"在优秀员工的眼里,失败简直就是上天给他们的一种最伟大的恩赐,因为失败,他们知道了工作中有哪些事情是不该做的,有哪些事情是必须做的;因为失败,他们吸取工作上错误的教训,使自己迅速提高;因为失败,他们变得身经百战,经验丰富,逐渐成为各种工作难题的克星。总之,失败在一个优秀员工看来简直就是一位免费教自己进步的老师,因此,他们在工作中总是充满拼劲,绝不害怕任何失败。

然而,在现代的职场中,并不是所有员工都把失败看成是一种恩赐,大多数员工都把失败看成是一个魔鬼,当他们面临失败时,往往会选择逃避、放弃、一蹶不振、甚至做出某种消极的极端行为。其实,在这个竞争日益激烈的社会中,每个员工遇到失败和挫折是在所难免的,有可能今天你还稳稳地坐在公司里上班,但明天就因为一个小错误被公司开除;有可能你费尽心思地工作,但结果还是做不好;有可能你今天还是万人之上的公司总裁,但明天就变成一个默默无闻的底层员工。但如果在失败和挫折面前,每个员工都能像塞吉诺·扎曼一样,永不低头,永不放弃,而是勇敢地去面对失败,振作起勇气,继续拼搏,一定能够东山再起,走向光明。

1984 年,可口可乐公司遭到百事可乐公司强有力的挑战,为了扭转不利的竞争局面,可口可乐公司把重任交给了塞吉诺·扎曼。扎曼主张更换可口可乐的旧模式,标之以新可口可乐,并对其大肆宣传。在新的营销策略中,扎曼犯了一个严重错误,他自以为是,根本就没有考虑到顾客口味的不可变性,他将老可口可乐的酸味变成甜味,违背了顾客长久以来形成的习惯。结果,新可口可乐成为继美国著名的艾德塞汽车失利以来最具灾难性的新产品,以至 79 天后,老可口可乐就不得不重返柜台支撑局面改为古典可乐。

扎曼的失败对他在公司的地位造成了巨大的负面影响,不久,饱受攻击的他黯然离职。当扎曼离开可口可乐公司以后,有 14 个月他没有同公司中的任何人交谈过。但在失败面前,扎曼并没有一蹶不振,经过一段时间的调整,他鼓起勇气,和另一个人合伙开办了一家咨询公司。在亚特兰大一间地下室里,扎曼操纵着一台电脑,一部电话和一部传真机,为微软公司和酿酒机械集团这样的著名公司提供咨询,凭借一股不服输的拼劲和相信自己一定能够再次成功信念,他通过不断努力陆续为微软公司、米勒·布鲁因公司为代表的一大批客户成功地策划了一个又一个发展战略,原本规模很小的咨询公司日益壮大起来。最后,甚至连可口可乐也来向他咨询,请他回来整顿公司工作。

塞吉诺·扎曼的经历充分说明,即使你是一个能力优秀,经验丰富的优秀员工,也会有马失前蹄,遭受失败的时候。但失败并不可怕,只要能像塞吉诺·扎曼一样,在失败和挫折面前永不放弃,永不退缩,从哪里跌倒就从哪里爬起来,重新振作起勇气再次拼搏,就一定会有重振雄风的一天。

美国管理学家彼得·杜拉克曾经说过这样一句话:"无论是谁,做什么工作,都是在尝试错误中学会的,经历的错误越多,人越能进步,这是因为他能从中学到许多经验。"许多优秀员工正是因为深信这句话的道理,所以他们总是充满拼劲,绝不会害怕任何失败,在失败中不断得到成长,不断走向成功。

著名的保洁公司有这样一条规定:若员工在三个月内都没有犯过错,就会被视为不合格的员工。IBM公司的一位高级负责人曾由于工作严重失误,造成了1000万美元的损失,他为此异常紧张,以为要被开除或至少受到重大处分。后来,董事长把他叫去,通知他调任,而且还有所提升。

为什么这么多知名大公司都喜欢用经常犯错误的员工呢?其实每家企业和每个老板都很清楚,一个没有犯过错的员工对企业来说是非常可怕的,因为永远无法从没犯错的员工身上看到企业中还存在着那些缺陷和不足,哪些技术需要改变,哪些问题比较严重,哪些领域是不能触碰的。相反,从一个失败的员工身上,他们能看到以上所有的不足,并及时对企业加以改革和优化,使企业不断发展和壮大。所以在每个企业和老板看来,一个真正的优秀员工应该是一个充满拼劲,不害怕任何失败,在失败面前从不选择放弃,而是鼓起勇气,继续拼搏的员工,只有这样的员工才是企业的一面能看清自身缺陷的宝贵镜子,可以让企业在很多失败到来之前防患于未然,长久立于不败之地。

4

越想放弃的时候,就越应坚持

优秀员工与普通员工的主要区别在于,他们无论经历了多少次失败和挫折,无论信心被冲垮了多少次,都会重新树立起信心,并时刻告诫自己,越是撑不住想要放弃的时候,就越不能放弃。事实证明,正是因为拥有这种超乎常人的毅力,他们克服了许多普通员工无法面对的困难,闯过了许多普通员工难以逾越的难关,成为员工中的佼佼者。确实,无论是在生活还是工作中,一个人如果拥有越想放弃的时候就越不放弃的精神,那么他不仅可以成为工作中的佼佼者,也能因此获得更多的成功。

一位小伙子爱上了一个年轻的姑娘,但却一直不敢表白,只好写信告诉她,一页页的纸装进了无数的浓情,他等了好久,姑娘终于回信了,小伙子感激万分,打开一看,却是一张白纸,不甘心的他又写,可仍是白纸的答复,他一直写,终于写到 99 封,姑娘的回答还是白纸。99 封,好惨啊!这样的打击让他失去了信心,终于和另一个姑娘结了婚。一年后,他无意中打开了第 99 封信:"嫁衣已经做好,等你第 100 封信来的时候,我就做你的新娘。"

小伙子的失败正是由于他最该坚持的时候没有坚持住,最不该放弃的时候选择了放弃,让他之前所做的努力全都前功尽弃。如果他能坚持到最后,再多写一封信,就可以轻松地为心爱的姑娘穿上嫁衣了。一百步的路,哪怕走完了九十九步,在最后一步踏出前退缩,也是失败,而且是最令人扼腕的失败。可见,无论是在工作还是生活中,永不放弃,而且越想放弃的时候就越不放弃的精神对一个人获得成功是很重要的,只有那些越想放弃的时候就越不放弃,反而坚持到底的人才能获得最终的成功。

爱迪生曾经说道:失败者往往是那些不晓得自己已接触到成功,就放弃尝试的人。爱迪生能够说出这么肯定的话,其实并不是空穴来风,在当今职场中,不乏有许多这样的员工,他们在最不该放弃的时候放弃了,最终让原本已经露出苗头的成功曙光也只能惋惜地再次缩回了云层里,无法照到他们身上。

有一位汽车推销员,刚开始卖车时,老板给了他一个月的试用期。29 天过去了,他一部车也没有卖出去。最后一天,老板准备收回他的车钥匙,请他明天不要来公司了。这位推销员坚持说:"还没有到晚上 12 时,我还有机会。"

于是,这位推销员坐在车里继续等。午夜时分,传来了敲门声。是一位卖锅者，身上挂满了锅，冻得浑身发抖，卖锅者是看见车里有灯，想问问车主要不要买一口锅。推销员看到这个家伙比自己还落魄，就忘掉了烦恼，请他坐到自己的车里取暖，并递上热咖啡。两人开始聊天。这位推销员问："如果我买了你的锅，接下来你会怎么做？"卖锅者说："继续赶路，卖掉下一个。"推销员又问："全部卖完以后呢？"卖锅者说："回家再背几十口锅出来卖。"推销员继续问："如果你想使自己的锅越来越多，越卖越远，你该怎么办？"卖锅者说："那就得考虑买部车，不过现在买不起。"两人越聊越起劲，天亮时，这位卖锅者订了一部车，提货时间是五个月以后，订金是一口锅的钱。因为有了这张订单，推销员被老板留了下来。

坚持到最后，就会有机会。因此，无论哪个员工在遇到困难和失败时，只要能像那个推销员一样，没到宣布成败的最后一秒，就永不放弃，重新树立起信心，更加努力地工作，从失败中寻找成功的方法，你一定会力挽狂澜，反败为胜。

5

再试一次，成功就在眼前

许多成功人士说："成功者与失败者并没有多大的区别，只不过是失败者走了 99 步，而成功者走了 100 步。失败者跌下去的次数比成功者多一次，成功者站起来的次数比失败者多一次。"在当今职场中，无数做出优异工作成绩的优秀员工，正是因为在他们经历了无数的挫折和失败，到了再也坚持不下去的时候，仍然没有放弃，而是鼓起勇气对自己说，再试一次,下一次一定会成功。事实证明,正是因为他们这最后一秒的坚持,让他们成为众多员工中出类拔萃的优秀员工。

著名的思想家艾丽丝·亚当斯曾经说过:"世上没有所谓的失败,除非你不再尝试。"确实,在现代职场中,就是因为许多员工在经受了几次失败后就对自己失去了信心,少了"再试一次"的勇气,使他们永远与优秀员工擦肩而过。

美国推销员协会曾经对推销员的拜访做过一项长期调查,调查结果显示:48％的推销员在第一次拜访受挫后就选择了退缩;25％的推销员在第二次受挫后也选择了退缩;12％的推销员在第三次受挫后也选择放弃了;5％的推销员在第四次受挫后也终于打了退堂鼓;只有10％的推销员选择继续拜访下去。而最后的结果表明,推销成功的案例有80％都是来源于那10％的推销员连续拜访五次以后所达成的。

是什么原因让绝大多数推销员没能推销成功呢?很显然,导致他们失败的根源就在于遇到几次挫折和失败后就彻底失去了信心,选择了放弃。我们能看出,即使是那些最没有毅力的推销员,只要再坚持四个"再试一次",成功一样就在眼前。其实,无论是从事推销员还是各种类型的工作,失败和受挫是每个人日常工作中的家常便饭,谁都无法逃避,但我们应该知道,成功并不像我们想象的那么遥不可及。有时,只需要你再坚持一下,再努力一次,你会发现,原来成功离自己这么近。

谭焕臣和齐鸣是高中同窗,齐鸣高考意外落榜后,去了一家电脑公司做业务员,谭焕臣也在那里兼职。后来齐鸣和谭焕臣一商量,干脆合伙做。谭焕臣瞒着父母,办了一年休学,筹到3万元钱,一头扎入商海,并最终选择了退学。退学后,谭焕臣用全部资金兴建了一个电脑超市。超市开业一年,持续亏损,公司的业务经理也带着30万货款跑了。谭焕臣又从终点回到起点,两个人决定去海南闯闯。到海口的第二天,他们找到一个送矿泉水的活。到了领工资的时候,老板却拿着钱跑了。这时,他们的兜里只剩下22.3元。为了区区20元旅费,他们冒着被暴打的危险逃跑了。

2002 年中秋节,不服输的谭焕臣决定再试一次,就算最后一搏,那一天,他去了海口市人才市场,用身上仅剩下的两元钱买了一张应聘表。也许是冥冥之中注定,谭焕臣走到华邦广告公司摊位前,他看到招聘栏上写着:公司提供食宿,但如果一个月内,还没有业绩,必须自动离职。没加思索,谭焕臣应聘进了华邦广告公司,他暗自下决心,这次自己一定要成功。

来到华邦广告公司后,谭焕臣并没有急着去揽业务,而是先静下心研究公司的业绩表。他发现,公司的最大利润来自公司的自有媒体——位于立交桥上的 LED 广告显示屏。就这样,谭焕臣开始用全部精力详细研究适合做 LED 广告的公司规模、生产产品、企业类型,并做了一份详细的计划书。就在试用期即将结束的时候,谭焕臣终于通过努力签下了第一单,而这一单却创下了公司单笔业务的最高纪录。从签下第一单起,谭焕臣用了 4 年时间,从一名普通打工仔,一步步走到总经理的位置。华邦广告也在他的带领下成为海口知名广告公司。

2006 年 5 月,谭焕臣报名参加中央电视台举办的《赢在中国》创业大赛,他充满坎坷的艰辛的创业过程,令人感叹和折服。面对媒体的提问,刚过而立之年的谭焕臣微笑着说:"成功其实很简单,就是当你坚持不住的时候,再坚持一下。"

成功之神是个最调皮捣蛋的大师,他永远不会告诉你还有几步你才能握住他的手,哪怕只要 1 秒钟,只差 1 厘米了,如果你放弃,他也绝不会提醒你:"快了,快了,就在下一秒,就差 1 厘米!"他只会微笑地看着你,看着你沮丧地放弃,懵懂不知地与他擦身而过,失之交臂。所以,记住,任何时候,不管经历了多少失败也要告诫自己:再试一次!因为非常有可能,成功就在下一秒!

6

不管什么时候都不会绝望

在这个竞争激烈的社会,每一个人不管是在学习中,还是在工作中,都不可能一帆风顺,谁都会有遇到挫折或者失败的时候,但我们不应该在仅仅受过几次挫折后就丧失信心,陷入绝望。因为绝望是阻碍一个人获得成功的最大障碍,一个总是在失败面前绝望的人永远不会得到成功。永不绝望,无论对谁来说,都是获得成功必不可少的心态。

美国曾经爆发了一场巨大的风暴,它让许多人失去了家园甚至丧失了生命。当救援人员把克莱家庭拉出废墟时,从他们那暗淡的眼神中,可以看出他们已经绝望了,可唯独不见这个家庭中才 12 岁的孩子。几天后,人们在一个山洞中发现了他。当有人问他是怎么活下来时,他说:“我当时只想着活下来。”

任何时候,只要自己不绝望,不抛弃,不放弃,坚守自己的信念,就没有什么奇迹是不能创造的 。

希望永远是创造奇迹的先导,而绝望,则必然是引发失败的魔鬼。一个人一旦绝望了,那么,所有的力量都没有用了,除了坐等失败,再也做不出什么来。

将一只饥饿的鳄鱼和一些小鱼放在水族箱的两端,中间用透明的玻璃板隔开。刚开始鳄鱼毫不犹豫地向小鱼发动攻击,它失败了,但它毫不气馁;接着它又向小鱼发动了第二次更猛烈的攻击,它又失败了,并且受了重伤;它还要攻击,第三次,第四次……多次攻击无望后,它不再进攻。这个时候,心理学家将挡板拿走,鳄鱼仍然一动不动,它只是无望地看着那些小鱼在它的眼皮底下悠闲地游来游去,放弃了所有的努力,最终活活地饿死了。

如果小男孩在大难临头之际,选择和他的家人一样绝望的话,那么等待他的结果同样只能是死亡。相反,如果鳄鱼能在连续几次失败和受挫后,永不绝望,继续奋勇向前,它也不会落得饿死的结局。

在当今这个竞争残酷的社会中,一个员工一定会遇到很多失败和挫折。在遇到这些困难时,每个员工都会经过一段情绪的低潮期,但那些长久沉浸在这低潮之中,越来越绝望的员工永远不会有获得成功的一天,只有面对失败和挫折能尽快调整好自己的情绪,积极向上地对待这些困难,并满怀自信地向它们发起挑战的员工才能最终获得成功。如果每一名员工都能做到不管遇到什么困难都不会绝望,而是继续坚持下去,继续奋斗下去,那么你们会发现,这些困难并不会阻碍你获得成功,反而是帮助你成长和成功的良师益友。

当一名记者问美国总统威尔逊"贫穷是什么滋味"时,威尔逊没有直接回答他,而是给他讲述了一段自己的故事:"我 10 岁时就离开了家,当了 11 年的学徒工,每年可以接受一个月的学校教育。在经过 11 年的艰辛工作之后,我得到了 1 头牛和 6 只绵羊作为报酬。我把它们换成了 84 美元。从出生一直到 21 岁那年为止,我从来没有在娱乐上花过一美元,每个美元都是经过精心算计的。我拖着疲惫的脚步进入了人迹罕至的大森林,去采伐那里的大圆木。每天,我都是在天际的第一缕曙光出现之前起床,然后就一直辛勤工作到星星探出头为止。在夜以继日的辛劳努力之后,我获得了 6 美元作为报酬,当时在我看来,这可真是一个大数目啊!每个美元在我眼里都跟今天晚上那又大又圆、银光四溢的月亮一样。"

一位名人曾经说道:"世上没有绝望的处境,只有对处境绝望的人。"威尔逊正是一个永远都不会绝望的人,在困苦的环境中,他并没有退缩和胆怯,而是以一种乐观的心态面对自己的困境,并在困境中通过自己的不断努力,一点点地奋勇向前。可以肯定的是威尔逊日后能当上需要冲破层层险阻才能到达的美国总统一职,一定离不开他从小就养成的无论在任何困境中都永不绝望,而是积极乐观地面对困境的心态的帮助。

在我们的周围,其实也有许多能力出众的员工,只不过他们由于经受过几次重大的失败和挫折后,便对自己失去了信心,陷入了绝望的境地,变得越来越胆怯,没有信心再去挑战成功,认为自己注定是一个失败的人。其实,这些员工恰恰缺少了一个优秀员工应该具备的基本工作态度。一个优秀员工也会经历失败,但他绝不会让自己长期活在失败的阴影中,他会忘掉曾经的失败,重新振作起勇气,继续向成功进军。

1946 年 8 月,21 岁的李·艾柯卡到福特汽车公司当了一名见习工程师。但他对和机器做伴、做技术工作不感兴趣。他喜欢和人打交道,想做销售。功夫不负有心人,李·艾柯卡通过自己的努力奋斗,用了 32 年的时间,终于由一名普通的推销员晋升到福特公司的总经理。

但是,让李·艾柯卡万万也想不到的事情发生了,1978 年 7 月 13 日,他被妒火中烧的大老板亨利·福特开除了。当了八年的总经理、在福特工作已 32 年、一帆风顺、从来没有在别的地方工作过的艾柯卡,突然间失业了。昨天他还是英雄,今天却好像成了麻风病患者,人人都远远避开他,甚至连过去公司里的最好朋友都抛弃了他。

在一夜之间变为一文不值的平民,众多好朋友都离开自己的巨大悲痛下,李·艾柯卡却并没有绝望,他觉得对于眼前的困境,除了深呼吸一口气,咬紧牙关挺下去以外,没有别的选择。这样想着,很快,李·艾柯卡就接受了一个新的挑战:应聘到濒临破产的克莱斯勒汽车公司出任总经理。

到了克莱斯勒汽车公司后,李·艾柯卡凭借他的智慧、胆识和魄力,大刀阔斧地对企业进行了整顿、改革,并向政府求援,舌战国会议员,取得了巨额贷款,重振企业雄风。1983 年 8 月 15 日艾柯卡把面额高达 8.1348 亿多美元的支票,交给银行代表手里。至此,克莱斯勒还清了所有债务。

"奋力向前,即使时运不济,也永不绝望,哪怕天崩地裂。"这是李·艾柯卡的座右铭。也是许多优秀员工的座右铭,他们每次遇到失败时正是用这句话来告诫自己,无论遇到任何困难和失败都奋勇向前,永不绝望,只有这样才能走出失败的阴影,迎来期待的成功。

7

抱着越挫越勇的精神向成功进军

巴尔扎克说:"挫折和不幸,是天才的进身之阶;信徒的洗礼之水;能人的无价之宝;弱者的无底深渊。"非常正确,在一个优秀的员工看来,挫折和失败是提醒自己不能放弃的警钟,是帮助自己走向成功的阶梯和力量源泉,只要抱着越挫越勇的精神向成功进军,就一定能到达成功的彼岸。

在我们的日常工作中,无论是优秀员工还是普通员工,遇到失败挫折都是在所难免的,但许多普通员工往往会把失败和挫折看成是阻碍自己成功的最大难题,是强大而不可战胜的敌人,在一次次的失败和挫折面前,他们往往会越来越没自信,总是选择逃避甚至是放弃。而这样将导致一个悲惨的结果,他们长期沦为了失败挫折的手下败将,永远无法做出突出的工作成绩。

彼得和杰克同是美国的一家图书公司的推销员,他们每天都一同骑着脚踏车到许多图书大厦和学校去推销。

但不幸的是,彼得和杰克成绩始终是一片空白。可是,彼得和杰克并没有气馁,晚上他们回到家,即使再疲倦,每个人也会一一写信给白天访问过的客户,感谢他们接受自己的访问,并力请访问过的客户能够买自己的图书。他们写的每一字每一句都诚恳感人,使人不忍拒绝。

可是,任凭他们再怎样努力、再辛苦劳累,事情仍然没有发生任何改变。两个月很快便过去了,但彼得和杰克谁都没有拉到一个客户,他们的上司开始发火了,并扬言如果在这几天再卖不出去,你们全都会被开除。

彼得回到家后,心情变得很沮丧,他在想,原以为只要一个人认真、努力地去工作,就能做好任何事情。但是这一次,我真的错了。因为事实显然并不是这样的!我每天辛辛苦苦地到处跑,可结果呢?两个多月下来,我连一个客户也没有拉到。看来我不合适干这行。想到这里,彼得提笔写了一封辞职书,准备明天离开公司。

杰克回到家后,心情也很沮丧,甚至萌发了和彼得一样的辞职之意,但他的心思全被妻子看在眼里,他的妻子坚定地说道:"不要被困难打倒,要坚持住,只要不放弃,一定会有希望。"杰克反复一想,觉得妻子说的话很有道理,既然已经坚持到了现在,如果现在放弃的话就太不值得了,这么一点挫折不算什么,我要勇敢地走下去。

第二天,彼得向上司递了辞职报告,灰头土脸地离开了公司。而杰克则充满自信地向一个小学冲去。他之前曾经来过很多次这个小学,并想说服这个小学的校长,让他的学生全都买自己的图书。然而校长对此却丝毫不感兴趣,一次次把他拒于门外。但当他今天再一次跑到校长那里的时候,校长终于为他的诚心所感动,同意全校学生都买他的图书。而杰克也凭借这笔大单子,不但没被上司开除,还被提升为销售经理。

杰克本应和彼得一样,但为什么会最终不但没被开除,而且还被重用呢?这里的功臣应该归功到杰克的妻子身上,是她让杰克明白了在一次次的失败和挫折面前不应该选择逃避,应该越挫越勇,只要没有成功就永远不要放弃。

优秀员工正是杰克这样,他们从不害怕失败受挫,而是把失败和挫折看成是帮助自己迅速提升能力的良师益友。在一次次的失败和挫折面前，他们不但不选择放弃和逃避，而是勇敢乐观地面对，越挫越勇，不断从失败和挫折中吸取教训，吃一堑长一智，一步一步向成功靠近。正是矢志不渝、坚持到底的执著劲儿，让他们最终看到了胜利的曙光。

　　史东在幼年的时候，父亲就去世了，母亲靠替人家缝衣服维持生活，为补贴家用，他很小就出去卖报纸。有一次，他走进一家饭馆叫卖报纸，但很不幸，他被老板赶了出来。于是，他乘餐馆老板不备，又溜了进去卖报。气恼的餐馆老板一脚把他踢了出去，可是史东并没有因此而放弃，而只是揉了揉屁股，手里拿着更多的报纸，又一次溜进了餐馆。那些客人见他这种不达目的誓不罢休的勇气，劝主人不要再撵他了，并纷纷买他的报纸看。虽然他的屁股被踢痛了，但他的口袋里却装满了钱。

　　到史东上学后，他便利用自己的课余时间试着去推销保险业务。他来到一栋大楼前，当年卖报纸时的情形又出现在他眼前，他一边发抖，一边安慰自己："如果你做了，是不会有损失的，而可能有大的收获。那就放手去做，并且马上就做！"于是，他走进了大楼，他想，如果被踢出来，就像当年卖报纸被踢出餐馆一样，再试着进去。但这次他没有被踢出来。他去了每间办公室。他的脑海里一直想着："马上就做！"一次走出一间办公室，因为没有收获，他就担心到下一个办公室会碰到钉子。不过，他毫不迟疑地强迫自己走进下一个办公室。他找到一个秘诀，就是立刻冲进下一个办公室，就没有时间感到害怕而因此放弃了。在那天，有两个人跟他买了保险。就推销数量而言，他是失败的，但他觉得他是成功的，因为通过这次推销他有了极大的收获。

　　第二天，史东又去了那家公司，共卖出了4份保险。第三天，他再一次去那家公司，共卖出了6份保险。逐渐的，史东从保险行业尝到了甜头，开始了他的事业。

　　在史东20岁的时候，他成立了自己的保险经纪社。短短的几年之后，他成了一名拥有资产过百万的富翁。

优秀的员工大多和史东一样，无论在工作中遇到任何困难和挫折，都不会丧失信心，都不会选择放弃，而是迎着困难奋勇向前，越挫越勇，不达目的誓不罢休。这是他们的信念，更是他们的行动。正因如此，他们才战胜工作中的无数困难，创造出许多令老板赞赏的工作成绩。

第十章　永不停下进取的脚步

　　优秀员工永不停下进取的脚步。他们时刻都有一种危机感,不进步和原地踏步的结果只有一个,就是被淘汰。只有不断提高自己的能力,才能不断跟上企业的脚步,成为一名优秀的员工。因此,他们勤于观察,留意工作和生活中每一处能让自己进步的事物,但他们不急于求成,而是脚踏实地,每天学习一点点,每天进步一点点,并深信,好运和机会只会降临到那些随时做好准备的人身上。

1

不断进取是员工赖以生存的重要法则

信息化时代的世界,早已不是以前那个千百年也难以改变丝毫的老世界了,时代的列车正以一日千里的速度滚滚向前疾驰,任何人、任何事,一不留心,就会被飞驰的时代无情地淘汰、抛弃。所以,要想在这样一个处处充满激烈残酷竞争的社会里有一个长久的立足之地,永远保持自己的竞争力,唯一的办法就是不断学习,不断进取,不断充实和完善自己,只有这样才能在瞬息万变的时代永立不败之地,才能与时代共进,与发展同步,成为时代的骄子,企业的宠儿。

壳牌石油公司的一位经理人曾经这样说道:"我们认为,未来企业唯一的竞争优势是其管理者和员工比其他竞争对手学习得更快。"是的,这才是当代企业竞争力的真正内核所在。为什么越来越多的企业注重员工的学习能力?为什么越来越多的老板垂青那些勇于进取的员工?个中缘由,盖因为此:只有不断进取的员工才是最有潜力的员工!

有一家私营企业招聘秘书,把前来应聘的人安排在会议室分三天进行三次考试。

第一次考试中,小玲便以 99 分的好成绩位居第一,一位叫小珂的女孩以 95 的成绩排在第二。

第二次考试试卷一分下来,小玲感到十分纳闷,因为试题和第一次的试题完全一样。在证实试卷没有发错后,小玲自信地把笔一挥，还不到考试规定时间的一半，试卷便全填满了。第二次考试，小玲仍以99分不动摇的成绩排在第一，那位交卷最晚的小珂以98的成绩仍居第二。

第三天准时进行第三次考试。"这次该不会又是同样的题目吧?"进考场前，应聘的考生们三个一群、五个一伙地议论纷纷。结果真的如大伙所料。这次考试更轻松，绝大部分考生和小玲一样，根本用不着看考题，"刷刷刷"就直接把前两次的答案给搬上去。不到半个钟头，整个考场都空了。只有那个小珂的女孩托腮拍脑、绞尽脑汁地苦思冥想，时而修改，时而补充，直到收卷铃响才满意地把试卷交了上去。

第三次考分出来，小玲长长地舒了一口气，她仍然是99分，仍然排在第一。不过这次她没有独占鳌头，前两次都名列第二的考生小珂这次也以99分的好成绩和她并列第一。但小玲一点也不担心被她挤下来。

第四天录用榜一公布，小玲傻了眼，上面只有考生小珂的名字。小玲立即就找到总经理的办公室，理直气壮地质问他:"我三次都考了99分，为什么不录用我，却录用了前两次考分都低于我的考生呢?"

总经理笑吟吟地看着小玲，直到她心平气和时才开口说话:"小姐，您请坐，慢慢听我解释。我们确实很欣赏你的考分，但我们公司并没有向外允诺，谁考了最高分就录用谁。考分的高低对我们来说只是录用职员的一个方面的依据，并非唯一依据。不错，你每次都考了最高分，可惜你每次的答案都一模一样，如果我们也像你答题一样，总用一种思维模式去经营，那能摆脱被淘汰的命运吗? 我们需要的职员不仅仅要有才华，他更应该懂得反思，因为善于反思、善于发现错漏的人才能有进步;职员有进步，公司才能有发展。我们之所以三次用同一张考卷对你们进行考核，不仅仅是考你们的知识，也在考你们的反思能力。这次未能录用你，我实在抱歉。"

像这样的例子数不胜数。曾经有一家顶级世界会计师事务所在北京大学招聘员工，但这家事务所开出的招聘条件却令许多学生费解，这家事务所的招聘条件是并不要求应聘者是会计专业出身或者有会计实务经验，而要求英语能力和电脑能力出众。面对许多学生的疑问，这家事务所的招聘人员解释道："这并不是因为我们想要英语和电脑方面的人才，我们之所以招聘这两项能力出众的人其实是想招具有学习能力，知道不断进取的员工。"一个不懂得进取的人即使进入了企业，也将很快失去立足之地。只有一个时刻都不忘记学习，时刻都不忘提高自己的员工才是企业抢着录用的员工，才是老板心中的真正人才。

曾有一家美国公司的董事长要成功学家和管理学家希尔帮他拿主意。这位董事长一手开创了公司，并兼任销售经理，他的公司聘用了7名销售员，下一个步骤是要提升一个销售员担任经理职务。

他把可能的人选缩减到三个，这三个各方面的成绩都不相上下，希尔的任务就是花一整天的工夫来了解每一个人，看看哪一个才是最佳人选。这位董事长告诉这三个人，会有一个顾问来拜访他们，目的是讨论公司的整体行销计划。他显然不让他们知道真正的目的。

其中两个人的反应差不多，亦即都有点不自在、不是滋味。他们好像注意到希尔"别有目的"，想要耍"什么花招"。这两个人都是顽固的保守派，都想证明"该做的都已经做了"。希尔问他们："销售责任区是怎么划分的"、"薪水调整计划需不需要修改"，以及"如何取得促销资料"等等与行销密切相关的问题，他们的反应都是："事情都很正常，无须过虑。"对某些论点更是振振有词地解释，目前的方法为什么不能也不应当改变，总之，维持现状就够了。其中一个在离开希尔下榻的饭店时说："我真的不知道你为何要花一整天和我讨论，请你告诉我们的老板，每一件事情都很顺利,不要小题大做。"

第三个就不同了。他对公司很满意,也以公司的成就为荣,但又不是绝对的满意。他还希望力求改进。他一整天大部分的时间都在告诉希尔各式各样的新点子,例如"开拓新市场的做法"、"改善服务质量的做法"、"节约时间的做法"、"对员工鼓励更大的调整薪资做法",等等,都是为他自己和整个公司的长远利益打算。他早就拟好一个想要推出的宣传活动。分手时,他留给希尔的临别赠言是:"我很高兴有机会把我的构想跟你谈谈。我们已经有了一个相当良好的初步沟通,相信一定可以做得更好。"

希尔把对三个人的考核结果告诉了董事长,并发表了自己的意见,他觉得第三个人最适合做销售经理一职,因为一个企业要想发展和壮大,需要的不仅仅是有能力的员工,更需要时刻不忘进取,勇于创新的员工,让第三个人做经理的话,一定会对公司日后的发展起到很到的推动作用。

听完希尔的意见后,董事长会心一笑,然后说道:"我们两个想的一样。"

不断进取不仅是一个员工赖以生存的重要法则,更是一个员工获得更辉煌成就的重要法则。对一名初入职场或者准备进入职场的新人来说,只要你懂得不断学习,不断进取,你就能从众多的面试者或者新员工中脱颖而出,得到企业的青睐和领导的认可;对一名总是做不出好成绩,总是得不到提升的老员工来说,只要你转变观念,坚持不断进取,不断提高自身能力,那么你一定会做出优异的工作成绩,从而成为老板提拔的首要人选。

2

时刻都有被淘汰的危机意识

　　优秀员工之所以永远不会成为裁员一族,而且还能够长期做出优秀的工作成绩和得到老板青睐,并不是他们与老板的关系有多好,也不是有什么独特的工作方法,而是因为他们长期怀有一种不进步就只能被淘汰的危机意识。在这种意识的促使下,他们不断学习,不断提升自己的工作能力,以至于他们无论遇到任何工作难题,无论接受什么样的工作,都可以得心应手,都能做得很优秀。

　　在工作中,仍然有许多员工不明白"生于忧患,死于安乐"的道理。他们有的因为取得了一些骄人的成绩,便觉得自己很优秀;有的因为已经掌握了一些工作技巧,便觉得完全能胜任工作,没有必要再去学习。抱着这些态度,他们停止了不断学习,不断进取的脚步,能力再也得不到提高,当有一天一个全新的挑战摆在眼前时,他们已经失去了应付能力,只能落得失败和被淘汰的结局。

　　左强是一名成都人,以前搞机械的,后来在外面给人打了一段时间的工,自觉在维修上也算比较在行,而又看准了手机维修这块市场,于是自立门户开起了一家手机维修店。开店之初,由于当时也没什么手机维修培训之类的,就算有人想做维修都没技术,而周围就两家卖手机的,可以算是独门经营了,生意也还不错,他自己也开始怡然自得。

　　渐渐的,左强的手机维修店也已经小有名气,然而,越来越多的人也开始嗅到手机维修的商机,左强周围的竞争对手开始出现了,加上自己本身就没学过专业的手机维修知识,肩上的压力也越来越大,但凭着自己以前积累下来的一些人气及经验,还算能勉强维持。

然而,手机维修的市场规律是不可能改变的,随着技术水平的进步,经营思路的不同,将永远允许更强者来侵占市场。

就在左强没有意识到危机的到来,继续用之前的经验经营时,一个前所未有的竞争对手出现了,一个叫小刘的人也开了一家手机维修店。但小刘与左强不同,小刘在开店之前接受过专业的手机维修体验式培训,技术上比半路出家的左强专业,而左强拥有的只有经验,很多专业的维修知识不如小刘,有时比较复杂的修理情况小刘能很简单地修理好,而左强花上很大工夫却仍然无济于事。眼看顾客一个个地被小刘抢走,左强是既着急又想不到解决办法,无奈之下,他不得不采取了一些浑水摸鱼的行为,但却适得其反,许多老客户也开始因为他的修理技术越来越差而去了小刘的店。最终,左强的商店里没有一个客人来修手机,他只能被迫关门了。

没有危机意识,在获得一点点成就后便忘记了不断进取,不断提升自己的能力,最终的结果必然只能是被挤出,被淘汰。其实,在当今的职场中,还有许多像左强一样的员工,总是认为自己的工作已经做得很好了,不需要再学习和提高,可他们的最终下场却是被老板辞退,或者长期停留在普通员工阶段,永远得不到重用。

罗杰和迈克同时受雇于一家超级市场,开始时大家都一样,都是从底层的理货员干起的。可不久,罗杰就受到总经理青睐,被频频提拔,从理货员上升为领班,再从领班晋升为部门经理。而迈克呢?就像被人遗忘了一般,还在原来的工作岗位上徘徊着。终于有一天迈克忍无可忍了,他向总经理提出辞呈,并痛斥总经理的用人不公。总经理耐心地听着,忽然他有了一个主意。

"迈克先生,"总经理说,"请您马上到集市上去看看,现在有什么卖的。"迈克很快从集市回来了。"现在集市上只有一个农夫,他正在卖一车土豆。""一车大约有多少袋,多少千克?"总经理问。迈克又跑去,回来说有10袋。"价格多少?"迈克再次跑去集市?如此折腾了几次,迈克已跑得气喘吁吁,总经理笑着对他说:"请休息一会儿吧,你可以看看罗杰是怎么做的。"

说完,总经理便叫来罗杰:"罗杰先生,请你马上到集市上去,看看现在有什么卖的。"很快,罗杰从集市上回来了,汇报说到现在为止,只有一个农夫在卖土豆,土豆共有10袋,价格适中,质量很好,他还带回几个让总经理看看。另外,这个农夫过一会儿还会有几筐西红柿上市,价格还公道,建议超市可以进一些货,西红柿的样品他也带回来了。而为了方便起见,他还把那个农夫带来了,现在农夫正在外面等总经理的回话呢。

听完罗杰的话,马克再也没有什么可说的了,他惭愧地低下了头,深知是自己忘记了不断进取才造成了今天的结局。

罗杰最后明白了他是因为没有不断进取,所以才永远得不到提升。但在当今企业中,许多老板甚至都不会给一个不懂得不断进取的员工任何明白的机会,而是直接开除出企业。因此,一个员工只有未雨绸缪,防患于未然,时刻具备不进步就只能被淘汰的危机意识,不断进取,不断提高自己的能力,才能在企业中站稳脚跟,才能永远得到老板重用。

真正优秀的员工,正是那些有危机意识、更具有进取心的员工。他们时刻抱有不进步就只能被淘汰的危机意识,坚持不断学习,不断进取,所以他们才不会卷入企业裁员的大潮,而且成为工作成绩越来越优秀,老板越来越重视的稀有人才。

3

不安于现状：没有最好，只有更好

李博生是我国著名的工艺美术大师，他的许多作品都被作为国家级礼物，由国家领导人赠送给外宾。然而，李博生能够获得今天的成就，与他刚出师时的一段经历密不可分。

在经过了三年的玉雕学习后，李博生终于出师了。他信心满满地把设计出来的作品交给了几位高级工程师，让他们给自己的作品评分，可意外的是，几位高工给他的一件作品打了九十九分。李博生不服气，认为自己明明是可以得一百分的。最后，一位老评委对他说："扣掉你一分，说明你还有前进的余地，要是给你一百分，你就走到头了，你还会有发展吗？"李博生恍然大悟，从此，他不再自满，而是不断刻苦钻研，不断增加自己的实力。终于，在年仅三十岁时，李博生就已经成为了一名顶级玉雕大师。

李博生能够获得今天的成就，最该感谢的应该是那个给他打分的老评委，因为是老评委让他明白了一个道理，只有克服自满的心理，不断学习、不断进取，才能取得更大的成就。其实，这不仅仅是李博生获得成功的秘诀，更是许多职场人士获得成功的关键所在。

曾经有一个人问一位美国薪水最高的职业经理人，成功的秘诀是什么？那个经理人告诉他："我还没有成功呢？没有人会真正成功，前面总是有更高的目标。"要想在工作中做出更好的成绩，安于现状是永远不可能实现的，只有不断学习，精益求精，并时刻提醒自己我可以做得更好，才能让自己变得更加有实力，获得更伟大的成功。

　　然而,总是有一些员工不明白只有不断学习,不断进取,才能让自己获得更大的成功这个道理。他们总是觉得自己的工作已经做到了最好,进而不自然就停下了继续学习,继续钻研的脚步。可事实上,他们的工作还远远没有做到最好,往往还有许多不足和需要继续进取的空间。

　　小玉是一家大科技公司总经理办公室的秘书。这天是她在前台值班,由于没什么客人,小玉便在网上看起小说来了,以至于办公室主任路过她还没有发觉。

　　看着小玉沉醉的样子,主任敲了一下前台,问小玉为什么上班的时候上网看小说,小玉说没什么事做,闲着也是闲着。主任看到她面前有个来客登记簿,就说可以利用这段时间整理来客登记簿。小路说就这么点儿事,自己早就整理好了。主任说:"你可以精益求精呀。秘书工作没有最好,只有更好!"见小玉仍然听不进的样子,主任让她打开来客登记文件夹。在输入电脑的来访客人资料中,都是按客人姓氏排列的。主任说:"这种排列方式就有改进的必要,应该按客人所在公司名称的笔画顺序排列。这些来访的客人,是代表他们所在的公司来我们公司洽谈业务的。他们个人有可能会在将来的某一天离开他们现在所在的公司,但是他们的公司名则有可能是我们公司永久的客户,所以我们的重点是应该记住他们的公司名称。因此,在整理来客名录时,应该以客人所在公司的笔画来排列顺序。不仅可以改变排列方式,而且还应增加相应的信息,如注册资金、业务范围、与本公司的关系往来等。例如,昨天第一个来访的客人是北京天顺科贸公司的副总经理雷鸣。将来只要一看到雷鸣这个名字,首先应该想到的是北京天顺科贸公司。天顺科贸公司是1999年注册成立的,注册资金1000万元,主要业务是代理销售我们公司的产品,平均每年的销售额在5000万元左右,他们的董事长兼总经理叫肖坚,是我们老板在云南西双版纳下乡时的战友……所以,不要小看自己的每一项工作,只要你有心,它就有提升质量的空间。"听完主任的话，小玉惭愧地关上了网络。

很多时候，一个拥有充足的工作经验和阅历，对工作的每一个细节都了如指掌的员工并不意味着他已经做到了最好，精固然是一种高超的境界，但精的上面还有精益求精，精益求精的上面还有开拓创新。一个员工要想把自己的工作做得更好，唯有不断学习，不断提升自己的能力。只有这样才能使自己不断变得强大，才能把工作做得更加出色。

有一个比喻说得很好，"一个人一旦进入了职场，就相当于进入了赌场，在这里，你只能赢，不许输。所以，为了提高你的'赌'技，你必须不懈地学习，只有这样才能抛下那些'赌'技差的，追上那些'赌'技高的，成为最后的赢家。"

不错，每一名优秀员工都是一个永远都不会安于现状，不断提升自己"赌"技的人。他们从来不会认为自己已经做到了最好，因为他们心里很清楚，自己还有许多不足，还有许多可以成长和改进的地方，只有不断学习，不断进取才能弥补这些不足。正是因为这种"没有最好，只有更好"的钻研精神，让他们的工作成绩如芝麻开花般节节攀升，越来越受到公司的重用和老板的器重。

4

克服急于求成，每天进步一点点

日本在第二次世界大战结束后，经济一片萧条，为了让经济尽快恢复起来，日本企业界从美国请来一位叫戴明的管理学博士。戴明博士去日本之后就告诉日本人一个观念——每天进步一点点。他说，企业只要能够每天进步一点点,这个企业就一定能够茁壮成长。结果,日本企业界听从了戴明博士的意见,打消了在短时间内恢复经济状况的念头,开始研究如何才能每天如何进步一点点。没想到,正是"每天进步一点点"这个信念造就了松下、本田、三菱的成功,使日本快速成为经济强国。

俗话说得好,"心急吃不了热豆腐","一口吃不成胖子",急于求成是不行的,对于企业发展和员工进步都是如此。只有抱着每天进步一点点的平和心态,不断进取,一点点积攒自身的实力才能走向真正的强大。同样,对一名员工来说也一样,克服急于求成,每天进步一点点也是其获得成功的重要方法。正所谓"千里之行,始于足下"。许多优秀员工都认为,自己的成功并不是一朝一夕就获得的,在于平时一点一滴的积累,在于每天进步一点点,在于今天的我比昨天的我更进步了一点。"九层之台,起于垒土"、"千里之行,始于足下"。这样的道理并不难懂,但是只有极少的员工将这个道理付诸到实际行动中,所以他们才成为了令人羡慕的优秀员工,而大多数员工则由于急于求成,往往不但不能成功,而且还输得一败涂地。

王海大学毕业后进入了杭州一家面料公司就职,从普通的业务员开始做起,到2007年被提升为业务经理。近两年,王海通过自己的勤奋和努力为公司争取到了不少新客人和新订单,他的年业务量已经达到了公司年业务量的近五成。但由于老板没有按年初签的业务提成协议,支付给王海应得的提成,而且给王海定的年业务指标也一年比一年高。王海很气愤,在要回去年的部分业务提成后,他向老板递了辞职书。

辞职回家后,王海左思右想,他觉得自己这几年积累了不少老客户,何必要在给别人干活,如果自己干的话一定能做成一番大事业,想到这里,王海真的自己成立了一家面料公司,准备大干一场。

公司成立后不久,王海就兴高采烈地向他的朋友小李说道:"老兄,我的运气真好,公司刚开张就有一位以前公司的客人下单给我做,客人打算从我原来公司那拿出个单子给我做。并说如我做的质量好,价格能便宜点,他们以后就和我长期合作了。"

听完王海的话,小李感到事情并没有王海想象的那么好,他疑惑地问道:"现在你报的价格和原公司的一样吗?"

王海说:"当然不一样了,我要低五毛每米。"

小李又问道:"客人打算给你做的订单,以前公司的样品有没确认?"

王海坚定地说:"已经确认了。"

确认了事情的来龙去脉以后,小李焦急地对王海说道:"我劝你这单先别做,还是让原来公司做。一则样品已经确认,你自己再找另外工厂去打样品,很难做到和以前的一样,这点你是内行,最清楚不够了。再则,你自己先挑起和原公司从价格上开始竞争,到时为了争取客人,原公司财大气粗,你是没法和他们竞争的。"

听了小李的话,王海有些不高兴了,他不悦地说:"老兄,到手的单子为什么不做? 我和客人合作,原来公司又不会知道,他们怎么会知道我的价格低? 至于样品我会想办法搞定的。"

小李连忙摇头说道:"退一万步说,即使你样品能搞定,但听你的口气好像客人也是为了价格,才把订单给你做的。哪怕这单客人不说,但以后他们肯定也会和原来公司谈价格,一旦原来公司也把价格降下来,客人又会和他们合作了,打价格战不是出路。现在最关键的是,要是你样品搞不定,盲目生产,到时亏的是你自己,说重一点等货做出来客人不要,公司会关门。说轻点第一次质量就做不好,客人对你有看法,以后就很难合作。"

王海极不耐烦地反问道:"那你说我该怎么做?"

小李说:"我认为以前公司打过样的订单还是让原公司做。要是有一天,原来公司订单操作不好,客人自己和他们终止合作,找到你帮忙,这说明客人是真的相信你,你再和客人合作,这样路会越走越长。只要你把客人的订单都顺利完成,客人就会一直跟着你,原来公司也不得不佩服你的水平。每个客人都想买来的货质量又好,价格又低。但有一点,要是客人还没给原公司打过样的新订单,你现在完全可以操作起来,这是客人对你的信任。小王,你做业务的确有一套,你可以先接点和原公司没牵连的客人,不一定要在原来这棵树上吊死。"

听了小李的话,想让公司尽快出人头地的王海彻底愤怒了:"我第一次创业,现在最重要的就是赚钱,这单我算过了,我可以赚个近10万,不管怎样我都要做。"

看到王海心意已决,小李感到再说什么也无法挽回了,最后他奉劝了王海一句:"你现在的处境,不应该急于求成,应当一步一个脚印,先把公司稳住了,等有了实力,什么单子都不在话下。"但他的忠告始终没有劝得住王海。

随后,王海向织造厂拿了价值40多万的胚布,并保证2个月内归还。印染厂按照王海的要求,按时把大货全部完成。客人来查货时也说"颜色OK,品质OK"。可没几天工夫,王海收到客人的传真,上面写道"此订单的大货面料和原来确认样不相符,经测试未能通过环保指标,此单面料不接受"。

收到传真后,王海从头凉到脚。他非常清楚,另外问题还可以想办法改进,环保指标是无法再改了。距织造厂的还款时间越来越近了,王海不得不把公司关了,向亲戚朋友借钱还款。

勿庸置疑,每一个员工都想成为工作成绩突出,深受老板喜爱的优秀员工,但如果没有认清自己的实力,急于求成,换来的下场只能和王海一样。一个真正优秀的员工,绝不会急于求成,而是会选择像下面的美国知名企业家比尔·拉福一样,对成功不抱任何不切实际的幻想,而是一步一个脚印,每天进步一点点,通过不断的积累丰富自己、提升自己、强大自己,最终凭借坚实的实力走向真正的成功。

比尔·拉福中学毕业后就立志做一名商人。后来,他考入麻省理工学院,但没有直接去读贸易专业,而选择了工科中的机械专业,因为他心里很清楚,经商贸易必须具备一定的专业知识,没有丰富的专业知识是绝对做不好的。大学毕业后,已经对机械知识门清的比尔·拉福没有急于求成的马上投入商海,他又考入芝加哥大学,开始攻读为期3年的经济学硕士学位。几年过后,比尔·拉福从芝加哥大学毕业了,按说他所掌握的知识层面已完全具备了做商人的素质,但出人意料的事情又发生了,获得硕士学位后,他还是没有从事商业活动,而是考了公务员,去政府部门工作。因为比尔·拉福深知,经商必须具备很强的交际能力,何况,官场险恶,仕途多变,容易培养自己机敏、老练和临危不惧的品格。在政府部门工作5年后,比尔·拉福辞职下海经商,业绩斐然。又过了两年,比尔·拉福开办了拉福商贸公司,从20万美元发展到2亿美元,终于成了美国大名鼎鼎的企业家。

很多时候,一步登天也许做不到,但一步一个脚印却很容易做到;一鸣惊人做不到,但做好一件事情很容易做到;一下子成为优秀员工做不到,但每天进步一点点很容易做到。优秀员工就是因为深深懂得这个道理,所以他们每天勤奋一点点、每天学习一点点、每天进步一点点,并一直坚持不懈地保持下去。在不知不觉中,他们已经从众多员工中脱颖而出,练就了优秀的工作能力和具备了承担更重要任务的能力,成为备受老板重用的员工。

5

不断学习,终身学习

"知识半衰期"是近年来很火的一个词语。所谓"知识半衰期",就是随着科学技能的迅猛发展,使人们过去拥有的专业知识逐步变得陈旧过时。据一项权威研究表明,一个人在某一领域很有学问,或拥有充足的专业知识,但如果停滞不前不再学习,在五年之间将会马上进入"知识半衰期"。随后,美国相关职业专家又对"知识半衰期"做了重新解释:当今社会,"知识半衰期"的时间已经从最开始的 100 年逐渐缩短到三年,所有高薪者,如果不坚持学习,不用五年就会变为低薪者。

可见不断学习,终身学习对一个人来说是多么的重要。无论是一个多么有学问,多么有能力的人,如果忘记了不断学习,不断提升自己的能力,那么也将在很短的时间内变成一个能力不足,甚至被社会淘汰的人;无论是一个曾经拿着年薪百万还是千万的人,如果不坚持学习,不断给自己充电,那么也将在很短的时间内变成一个低薪者。每个人都能从以上的分析结果中知道一个道理,无论你是一个多么成功的人,无论你是一个多么优秀的员工,都需要不断学习,终身学习。如果不随时给自己充电,不随时提高自己的能力,那么即使你再优秀,再有能力,也必将被企业淘汰。

为了增加家庭收入,年仅 11 岁的林奇来到了一家高尔夫球场做球童。在高尔夫球场,林奇经常在许多球手的谈话中听到关于股票方面的知识,慢慢地,他对股票行业产生了浓厚的兴趣,并立志长大以后要从事股票经营的事业。

18 岁时,林奇考进了波士顿学院,除了一些必修课以外,他还专修了玄学、认识论、逻辑、宗教和古希腊哲学等许多和专业不相干的课程。林奇一直认为,股票投资是一门艺术,而不是一门科学,想要做好,自己必须具备更多的综合素质,一个没有渊博知识和具备全面素质的人,是肯定做不了股市大师的。

一次偶然的机会,林奇读到了一篇关于空运发展前景的文章,从这篇文章中,他了解到当前航运公司发展的实际情况,并依靠所学到的历史哲学知识和扎实的专业知识,断定了众多航空公司中飞虎公司一定是一家很有发展前景的公司。于是,在波士顿大学学习的第二年,林奇开始尝试做一些股票投资,他用自己当球童时挣来的 1250 美元,以每股 7 美元的价格购进了他的第一笔股票——飞虎航空公司的股票。

　　事情的发展果然如林奇当初设想的一样，短短两年内，空运股票开始受人青睐，飞虎股票由原来的 7 美元涨到了 33 美元，整整翻了 4 倍，他也通过这次盈利展现了自己在股票投资上的才华。赚到钱以后，林奇并没有因为在股票投资上尝到的甜头而放弃学业，反而用赚来的钱继续学习，随后，他读完了研究生，并且还获得了沃伦金融学院的硕士学位。

　　在林奇毕业的那年暑假，美国著名的大公司——麦哲伦公司的总裁苏利文注意到了无论学识还是股票投资上都很过人的林奇，并主动邀请他来自己的公司工作。此后，林奇通过自己的不断努力，不断学习，在 8 年内，从一名小小的职员一步步升为麦哲伦公司的总经理。

随着科学技术的迅速发展，许多企业面临的突如其来的挑战还有问题也随之增多，因此，他们在招聘员工时候也有了新的要求，不再看重那些"现在"是多么强大的员工，而是青睐于那些具有不断学习的能力的员工。因为他们很清楚，只有不断学习，不断提高自身技术能力的员工才能让企业不断发展壮大，拥有更加辉煌的未来。

曾任微软公司全球副总裁一职的李开复在上海微软公司的时候，他招聘的很多员工并不是出自重点大学，很多都是二三流大学的毕业生，甚至还有许多是偏远地区的无名大学，更有甚者连计算机专业都不是。李开复对此表示，他更愿意把更多的机会给那些善于学习的人，而不是自恃聪明的人。他坚定地认为，一个人的学习能力和勤奋精神远比大学和专业出身重要得多。

"只要拥有一技之长就能走遍天下"，这是我们经常挂在嘴边的一句话。不错，很多时候一个人只要拥有一技之长，就足以生存，甚至还能取得一些成就。但在当今社会，一个拥有一技之长的人也可能逃不出被企业辞退的命运。

　　张永凭借超强的采写能力进入了一家杂志社，由于工作出色，他备受领导重视，一度被加薪。但由于杂志社陷入了一场席卷全出版行业的经济危机，杂志社必须要进行裁员才能维持生存，但让张永意想不到的是，一向工作业绩突出，备受器重的他竟然也在被裁员的人当中，而在采写能力不如他的小孙却被公司留了下来。

气愤不平的张永找到了杂志社的领导，问其为什么开除一直很优秀的他，而留下能力平平的小孙，杂志社的领导却一脸无奈地回答他道："你在采写上的工作能力确实比小孙优秀，但小孙除了能干采写工作以外，还能干一些修图和制图方面的工作，能同时出任杂志社的美编、文编和广告部三个职位，经过决定，只有留下小孙而裁掉你了。"

听完领导的解释，张永没有再说一句话，灰头土脸地离开了。

很多时候，企业确实很需要有一技之长的员工，但在竞争激烈的社会中，各种挑战和困难往往是来得迅速而又突然，在这种情况下，企业往往更需要一个懂得不断学习，不断进取，不断扩充自身技能面的员工。

不断学习对一个员工来说很重要，它不但决定你能否找到一份工作，决定你能否在一个企业中长期立足，更决定你能否出人头地，能否有一番更大的作为。然而，不断学习不仅对员工很重要，对许多老板来说，如果想让自己的企业长盛不衰，屡创佳绩，也必须坚持不断学习，甚至终身学习。

华人首富李嘉诚在青年时的打工期间，始终坚持"抢学"，到了后来的创业期间，他仍然坚持学习，不断提升自己的能力。一位熟悉李嘉诚的人说，晚睡前是他雷打不动的看书时间。早在办塑料厂时他就订阅了英文塑料杂志，既学英文，又了解世界最新的塑料行业动态。应该说在当时，懂英文的华人在香港社会是"稀有动物"。也正是因为懂得英文，使得李嘉诚可以直接飞往英美，参加各种展销会，谈生意可直接与外籍投资顾问、银行的高层打交道。如今，李嘉诚已经步入高龄，事业也达到了顶峰，但他仍然坚持每天不懈地读书学习。有位外商曾经问李嘉诚："李先生，您成功靠什么？"李嘉诚毫不犹豫地回答："靠学习，不断地学习。"

毋庸置疑,李嘉诚的成功正是来源于他的不断学习,终身学习。在当今知识与科技发展一日千里的时代,一个人要想找到一份工作,一个员工要想在工作岗位上长期站住脚,如果不能坚持不断学习,不断提高自己的知识和能力,就算你曾经能力有多么突出,有多么让人乍舌的学历,你也一样逃离不了被炒的厄运。要想永远不被企业淘汰,要想永远得到重用,秘诀只有一个,唯有不断学习,终身学习,不断地充实自己,不断追求成长这一条路。那些优秀员工之所以优秀正是因为坚守这样的信念。

6

不断进取,从优秀到卓越,一路向前

作为一名员工,如果其能认真地把自己的工作做好,那么他就是一个优秀的员工。但如果他能在认真做好工作的基础上继续不断进取,不断超越自己,不断激发自己潜在的能力,把工作做得更加出色,那么他的地位便会更上一层楼,变成一名卓越的员工,更加受到老板的青睐。

1991年,刚从学校毕业的吴跃华来到台州市一家纺配厂当起了学徒工,尽管以前学过铣车床基础知识,尽管对机械操作有了一定的了解,但首次走上工作岗位的他仍感到既兴奋又不安,他发现在学校学的知识根本不能很好地解决实际工作中遇到的各种复杂情况。也许是上天对勤奋好学有所眷顾,吴跃华遇到了一位好师傅,那时一般师傅都害怕徒弟做的次品太多,影响自己的业绩,从不轻易让学徒进行上机操作,但唯独吴跃华的陈师傅不同,他一开始就让吴跃华冲到一线,在实际操作过程中,有不懂的地方或制作出失败的产品后,吴跃华总能得到陈师傅的悉心指导。有了一位好老师的指点，再加上吴跃华的虚心好学，他比别人更快地掌握了技术，成为一名出色的员工。

但好景不长，几个月后，吴跃华被调到了海宏集团，以前的技术全都用不上，所有工作都是陌生的。以前在纺配厂，由于制作的产品型号、种类大都相同，所以吴跃华熟门熟路。可是来到海宏集团从事产品试制，以及一些小批次零件的修理，对吴跃华而言是一个新的挑战。

在工作中，由于是小批次的产品试制、修理，这就意味着吴跃华每次制作的产品型号、类型都不相同，每次在制作的过程中都会遇到新的问题。但这项在别人看来似乎是麻烦不断的苦差事，在吴跃华的眼中却成为一项极具挑战的能让自己进步的任务。

在工作中，吴跃华从零开始，全身心投在了这冷冰冰的机器中。遇到不懂的地方，吴跃华就忙着找师傅请教，同时，图书馆、新华书店也都留下了他的身影。然而，尽管他翻遍了整个图书馆，一些资料仍然找不到。但这些困难并没能阻止吴跃华进取的步伐。凭着一股韧劲，他通过自己的努力不断克服了一个又一个困难，最终成为了陌生工作岗位上的能手，完成了从原先的优秀到现在的卓越的伟大跃升。

但是在取得成功后，吴跃华却没有停下学习的脚步。他深深地知道，社会发展太快了，企业对员工的工作要求也越来越高，原先一部机床只能制作单一产品，现在的数控机床包含了程序设定、CAD软件的模型设计等众多技术，单靠经验远远不能满足现代化员工的要求，只有通过不断学习补充这些方面的缺陷。

近年来，许多新的设备投入使用。为了让新设备能及时、正常地投入运行，吴跃华放弃了春节休息时间，整天泡在车间里，不断地安装、调试，终于使设备顺利投入使用。面对吴跃华这样的不断进取，从优秀到卓越，一路向前的员工，海宏集团的领导感慨道:"吴跃华的工作其实是很平凡的,但是他能在平凡的岗位上,不断学习,不断进取,这样的员工是我们公司的财富呀!"

一个员工想到达卓越的级别并不是一件轻而易举的事,这不仅需要这个员工不断进取,不断提升自己的能力,不断超越自我,还需要不断排除在这条路数不尽的艰难险阻。但从吴跃华的成功经历中我们能看出,这些艰难险阻并不可怕,只要你抱着一种积极进取的心态,不断学习,不断提高自己的能力,在遇到苦难时毫不退缩,而是越挫越勇,永不放弃,你一定会像吴跃华一样,从普通晋升到优秀,然后再从优秀到卓越,并一路向前狂奔,走向更大的成功。

1998年,李梅生复员后,来到合肥荣事达工业包装公司,成为了一名普通员工。对纸板流水线,李梅生是完全陌生的,为尽快熟悉操作程序,凭着一股不服输的干劲,李梅生开始努力钻研,常常是别人下班了,还能看到他在生产线忙碌的身影。就这样,很快李梅生就熟悉了整个生产流程。

在能熟练操作后,李梅生并没有停下学习进取的脚步,反而向更高的目标发起了挑战。一次,李梅生正在生产线上工作,突然发现了生产线似乎存在一些设计上的弊端。于是,他不顾疲惫,翻阅大量的技术书籍,还积极向同事请教。很快,在车间领导的大力支持下,李梅生经过多次尝试,终于摸索出一套工艺调整方法,将纸板的合格率从94%提高到98.3%。同时,为让流水线发挥更大价值,李梅生又在生产线上设计了加湿和散热装置,使原先每分钟80米的机速提高到120米!仅此一项,每天增加产值2.5万元。如今,他的这一"小"改革不仅在同行中被普遍采用,还受到了生产线生产厂家的重视。

取得了一些成绩后,李梅生并没有沾沾自喜和忘记了不断进取,他发现企业在生产的过程中存在着浪费材料的现象,原来流水线上纸板之间的连接是采用胶带纸的,李梅生利用工作之余的时间总结出一个新方法,采用了粘合剂来作为替代品。如今,合肥荣事达工业包装公司在流水线上基本不用胶带纸了,节约下来的费用每年高达10.8万元。

　　以前,合肥荣事达工业包装公司生产线如果需要换纸就必须停机,因此大大降低了工作效率。李梅生发现这个问题后,通过网络,查到有一种办法可以直接换纸。经过实验,他得出在 40 米的机速时可以直接换纸的结论,并受到了公司领导的大力赞同,落实到工作中后,一下子就为企业提高了 30％的生产效率!

　　李梅生追求卓越的道路与吴跃华的艰难程度相比,可谓有过之而不及。面对一个完全陌生的工作,很多人都会眉头紧锁,发愁不知从何下手。但李梅生却并没有被这个困难吓倒,他抱着一种永不服输的干劲儿,通过自己的勤奋学习,不断进取,很快成为了一名技术熟练的优秀员工。而且,在成为一名技术娴熟的优秀员工后,李梅生并没有沾沾自喜而停下进取的脚步,而是选择继续学习,精益求精。事实证明,正是因为李梅生这种不断学习,不断进取的工作态度,让他从普通晋升到了优秀,进而又从优秀跃升到了卓越,并一路向着更高的层次冲锋。

　　吴跃华和李梅生是众多不断进取,追求卓越的优秀员工的代表。而每一名优秀员工也正是像他们一样,在认真做好自己工作的情况下,并没有停下学习进取的脚步,而是继续不断学习,不断提升自己的能力,力争把工作做得更好,更完美。正是因为这种不断进取的工作态度,让优秀员工从优秀到卓越一路向前,做出了越来越出色的工作成绩,成为老板心目中必不可少的企业之栋梁。

7

超越自我,获得更大的成功

　　如果我们仔细观察那些被其他员工崇拜,并且长期受到老板喜爱和器重的优秀员工,一定会发现一个规律,就是他们在取得成功后也不会沾沾自喜,固步自封,而是一如既往地继续不断学习,不断进取,并以自己为目标,不断战胜自己,不断超越自我,最终走向更大的成功。

著名的心理学大师弗洛伊德曾经讲过一个很经典的故事。

约翰和汤姆是相邻两家的孩子,他俩从小就在一起玩耍,约翰是个聪明的孩子,学什么都是一点就通,他知道自己的优势,自然也颇为骄傲。汤姆的脑子没有约翰的灵光,尽管他很用功,但成绩却难以进入前十名。与约翰相比,他时常会感到很自卑。然而,他的母亲却总是鼓励他:"如果你总是以他人的成绩来衡量自己,你终生也不过只是一个'追逐者'。奔驰的骏马尽管在开始的时候总是呼啸在前,但最终抵达目的地的,却往往是充满耐心和毅力的骆驼。"

聪明的约翰自诩是个聪明人,但一生业绩平平,没能成就任何一件大事。而自觉很笨的汤姆却从各个方面充实着自己,一点点地超越着自我,最终成就了非凡的业绩。约翰愤愤不平,以至郁郁而终。他的灵魂飞到了天堂后,质问上帝:"我的聪明才智远远超过汤姆,我应该比他更伟大才是,可为什么你却让他成为人间的卓越者呢?"

上帝笑了笑说:"可怜的约翰啊,你至死都没能弄明白:我把每个人送到世上,在他生命的'褡裢'里都放了同样的东西,只不过我把你的聪明放到了'褡裢'的前面,你因为看到或触摸到自己的聪明而沾沾自喜,以至误了你的终生!而汤姆的聪明却放在了'褡裢'的后面,他因看不到自己的聪明,总是在仰头看着前方,所以,他一生都在不自觉地迈步向上、向前!"

真是可悲,就算像约翰这样聪明过人的天才一旦停止学习进取的脚步,忘记不断超越自己,到头来也终究没有做出任何大作为。真是可喜,就算像汤姆这样的"蠢材",但却通过不断学习,一点点地积累力量,一点点地超越自己,最终获得了大成功。一位名人曾经这样说道:"一个人文化基础差,但追求不能差;知识水平低,但志向不能低;只要不断学习,就能超越自我,在平凡的岗位上也可以创造不平凡的业绩,这样积极向上的员工才是企业需要的员工。"在当代职场中,确实不乏有许多"天才"、"高学历"、"高智商"型员工通过不断的学习超越了自我,获得更大成功,但超越自我并不是这些人的专利,许多天资并不算聪明,学历和能力也很平平的员工,却同样凭借不断刻苦的学习,一点点的进步,最终超越了自我,不断创造出了不菲的工作成绩,获得了更大的成功。

1971 年,年仅 18 岁的何登龙来到大庆油田,当了一名普通的工人。当时,何登龙是班上最小的工人,但为弄明白井口设备、井下设备和抽油机的构造,他把全班的工人当做师傅,多次登门到有经验的老工人家里请教。由于勤奋好学,他很快就能单独顶岗。一年后,部队到油田征兵,何登龙参了军。但在当兵 4 年中,何登龙并没有放弃学习,他利用训练的业余时间继续看书。

1977 年退伍后,何登龙又回到大庆油田,在采油四厂二矿成为一名采油工,重新开始石油工人的生涯。在随后的几年里,何登龙通过勤奋工作,不断学习,不断进取,赢得了企业和领导的好评,被提升到了管理岗位。但在 1984 年的一次产量汇报大会上,何登龙彻底看清了自己的一个致命缺陷,虽然这几年自己一直没有停下学习进取的脚步,但要想成为一名合格的员工还远远不够。

1984 年 5 月,何登龙第一次参加采油四厂地质大队召开的月度产量汇报大会,由于文化知识的严重缺乏,他在汇报时常常词不达意,在座的领导和技术人员都不知道他在说什么。当时,何登龙脸上的汗像下雨一样流了下来,羞愧得恨不得马上钻到地底下。他暗自问自己,铁人王进喜都能下决心识字搬山,学习文化和技术知识,自己为什么就不能?这样想着,何登龙暗下决心,一定要让大家瞧瞧,别人能干好我也一定能干好。

从此以后,白天的上班时间里,何登龙很少像其他管理者一样待在舒适的办公室里,基本上都是在生产一线和工人一起学习、讨论、交流,下班后,他才回到办公室。同时,何登龙有时还到几里之外的工程师、专业技术人员家请教学习；有时跟队里的领导干部到井上、站上学习处理各种生产技术难题，不断弥补自己的不足和欠缺。

随着经验的不断积累，何登龙在工作中发现和解决的问题也越来越多。一年冬天，小队抽油机井因水泥基础风化、破损，造成很多支架严重失衡，队里组织多次调整不见效果，他通过仔细观察，反复琢磨，提出"抽油机底座前水泥基础加钢板"的建议。结果证明，何登龙提出的建议使二十多口井实施后效果显著，节约费用上百万元。

1999年7月，何登龙的队里有些组合井口阀门关不严，开关不灵活。发现问题后，何登龙一头扎进井组，反复进行拆卸研究，经过十多天的努力，他发现问题出在阀芯与阀杆连接的销子上，于是动手加工了四十多个销子。到后来安装时，何登龙加工的四十多个销子非常合适，不但解决了一项工作上的难题，节约材料费二十多万元，而且还因此获得了厂科技进步奖，再次证明了自己的价值，获得了更大的成功。

要获取成功，天资、学历、能力确实会对你造成一定影响，但绝不是主要影响，主要还是看你有没有一种不断学习，不断进取的信念，有没有将这个信念付诸到实际行动中，而且持续不断地灌输到行动的始终。只要你坚持这样做，你也会像何登龙一样，不但会成为一名业绩突出的优秀员工，甚至会获得更大成功。当然，一路向前的前提是找准方向。方向不正确，再多的努力也是白搭，也是"南辕北辙"，不可能有好的成就。只有发现自己的优势，扬长避短，才更容易接近成功。

有一个很酷爱写作的年轻人，他的愿望就是能在写作领域有所成就，成为一个知名作家。因此，他不断学习，大量阅读世界名著，研究各种写作手法，并把写出来的稿子寄到许多杂志社，期待着成功那一天的到来。

某一天，一个杂志社的领导看到了年轻人的稿子，被深深地吸引了，可杂志社的领导并不是对年轻人的稿子惊叹，而是对年

轻人那漂亮的钢笔字,他认为,年轻人如果能在钢笔字的技术上
不断加精,一定会比写作更有成就。有了这个想法,杂志社的领
导把他的建议反馈给了年轻人。

收到杂志社领导的建议后,年轻人茅塞顿开,他放弃了在写
作方面的理想,全力投入到钢笔字的练习中。最终,他虽然没有
成为一个知名作家,却成为了一名远近闻名的钢笔字家。

古人云:"自知者英,自胜者雄。"只要能够有自知之明,人人都可以超
越自己,人人都可以成为英雄。很正确,每个人身上都有值得自己骄傲的
金子般闪耀的亮点,如果你能看清自己,了解自己的优势,并在这个优势
上不断学习,不断改进,不断加精,那么人人都能超越自己,获得成功。

超越别人是一件很容易的事,只要学习,充实和强大自己,人人都可
以做到;超越自我则是一件很难的事,因为需要不断学习,永远学习。可
只有这样,才能让你永远不会满足于现在,永远向着前方挺进,永远向着
更大的成功冲锋,直到抵达人生的巅峰。